KB119902

놀라운 기적을 만드는
미라클 모닝의 힘

놀라운 기적을 만드는

미라클
모닝의
힘

김프리 지음

원앤원북스

아침이 바뀌면
인생이 달라진다

2020년 12월, 저는 다시는 직장으로 돌아가지 않겠다는 결연한 각오로 장밋빛 미래를 꿈꾸며 퇴사를 결심합니다. 한때 제가 꿈꾼 퇴사 이후의 삶은 정적이고 평온한 일상이었습니다. 편안하게 아침식사를 즐기고, 여유롭게 아이들을 학교와 유치원에 보내고, 이웃과 커피 한 잔 마시면서 브런치를 즐기거나 쇼핑을 하고, 식구들의 저녁식사를 준비하는 모습을 떠올렸습니다. 출퇴근할 회사가 사라졌으니 그간 누려보지 못한 자유를 마음껏 누려도 뭐라 할 사람은 없었지요. 하지만 저는 직장인 시절과 비슷한, 아니 어쩌면 그때보다 더 바쁜 일상을 보내게 됩니다.

왜냐고요? 저는 제 자신이 어떠한 성향의 사람인지, 어떻게 살아야 행복한 사람인지 잘 알고 있었기 때문입니다. 저는 무언가를 해내고 성취하는 삶에서 보람을 느끼는 사람입니다. 단지 인생에서 '회사'라는 조직이 빠졌을 뿐, 여전히 이루고 싶은 꿈이 있었고 만들고 싶은 삶이 있었습니다. 그래서 퇴사를 계기로 삶을 새롭게 설계하기로 마음먹었고, 미라클 모닝을 실천하게 됩니다.

제가 원하는 삶은 주어진 24시간을 충실하게 활용하면서 더 나은 미래를 위해 생산적인 일을 병행하는 것이었습니다. '엄마'라는 본연의 역할에 충실하면서도 제 이름 석 자로 세상과 꾸준히 소통하고 싶었습니다. 쳇바퀴 돌 듯 집과 회사를 오가던 삶에서 벗어나 더 나은 삶을 살고 싶었습니다. 말 그대로 '어제와 다른 오늘'을 살고 싶었습니다.

하루를 다르게 시작하는 방법은 무엇일까요? 어제와 다른 오늘을 사는 방법은 무엇일까요? 아주 간단합니다. 평소와 다르게 일찍 일어나는 것입니다. 진취적인 삶을 살기 위해서는 우선 꿈과 미래를 위해 투자할 수 있는 시간을 확보하는 것이 먼저라고 생각했습니다. 그래서 하루가 어떻게 흘러가는지, 한정된 나의 에너지가 어디에 얼마만큼 쓰이는지를 꾸준히 기록해봤습니다. 기록이 쌓이고, 시간의 분배와 활용에 대한 피드백을 반복하면서 스스로 가장 알맞은 라이프 스타일을 찾기 위해 노력했습니다. 그 결과 아이들이 일어나기 전, 새벽의 2시간을 활용하는 것이 가장 효과적인 시간관리 방법이라는 것을 깨달았습니다.

처음에는 '그냥 조금 일찍 일어나는 건데 뭐가 그렇게 어렵겠어?' 하는 마음이었습니다. 하지만 자신만만했던 저는 수많은 성공만큼 수많은 좌절을 경험했습니다. 새벽 기상에 실패할 때마다 어설픈 합리화를 하며 변명만 늘어놓는 저 자신에게 자주 실망했습니다. 일찍 일어나는 일에 실패할 때면 몇 번이고 미라클 모닝을 포기하고 싶었습니다. 그런데 새벽 기상을 꾸준하게 실천하자 저에게 많은 변화가 생겼습니다. 제 주변에 있던 모든 것이 새롭게 보이기 시작했고, 예전에는 알지 못했던 작고 사소한 것의 소중함을 되새기게 되었습니다. 제 주변은 그대로였지만 삶을 대하는 마음과 태도는 이전과는 비교도 할 수 없을 만큼 크게 달라져 있었습니다.

회사라는 공간을 벗어난 덕분에 마음의 여유가 생긴 것도 있겠지만, 미라클 모닝을 실천하자 인생에서 더해야 할 것들과 빼야 할 것들의 구분이 확실해졌습니다. 수많은 깨달음 중 가장 큰 깨달음은 가족과 함께하는 시간의 소중함이었습니다(이 이야기는 차차 풀어볼까 합니다). 요란한 알람 없이도 새벽이면 눈이 저절로 떠질 만큼 미라클 모닝이 무의식의 영역까지 스며들자, 정말 신기하게도 돈 한푼 들이지 않고 인생이 바뀌었습니다. 작가와 크리에이터라는 새로운 직업을 얻게 되었고, 사람을 대하는 태도도 한층 성숙해졌습니다. 단지 조금 일찍 일어났을 뿐인데, 불과 몇 년 사이 저는 완전히 다른 사람이 되었습니다.

놀라운 기적을 만들어내는 미라클 모닝. 방법만 알면 누구나 쉽게 실천할 수 있는 미라클 모닝. 습관의 영역으로 만들면 그 어떤 자기계발 방법보다 효능감이 뛰어난 미라클 모닝. 저는 제가 겪은 미라클 모닝의 기적과 효과를 보다 많은 분에게 소개하고 작은 도움이라도 되고자 이 글을 쓰게 되었습니다. 정해진 양식의 보고서에 복사, 붙여넣기만 반복하던 제가, 글쓰기를 배워본 적도 없고 집필이란 것이 어떤 의미인지도 몰랐던 제가 자기계발 책을 출간하게 된 것 역시 미라클 모닝의 힘 덕분입니다.

우리가 하는 모든 행동의 80%는 습관의 영향을 받는다고 합니다. 하지만 좋은 습관은 하루아침에 뚝딱 만들어지지 않습니다. 좋고 나쁨을 떠나 한 번 몸에 익숙해진 습관은 단기간에 바꾸기 어렵습니다. 혹자는 어떤 행동을 반복해서 습관을 형성하기까지 21일 또는 66일이 걸린다고 이야기합니다(미국의 의사 맥스웰 몰츠는 '21일의 법칙'을, 런던대학교 필리파 랠리 교수는 '66일의 법칙'을 주장합니다). 하지만 언제나 예외의 경우는 있습니다. 사람마다 자라온 환경, 직업, 나이, 심리적 장벽, 살아온 발자취가 다르기 때문입니다. 나쁜 습관을 내 의식에서 밀어내고 좋은 습관을 다시 채워 넣는 일도 똑같습니다. 지속적이고 반복적으로 원하는 결과가 나올 때까지 실행하는 것 말고는 다른 방법이 없습니다.

아침이 바뀌면 인생이 달라집니다. 인생을 바꾸기 위해 1년 365일 매일 미라클 모닝을 실천할 필요는 없습니다. 현실적으로 100% 완벽한 실행도 불가능합니다. 그저 묵묵하고 꾸준하게 자신의 에너지를 관리하면서 새벽시간을 자신과 대화하는 시간으로 활용하는 것, 그것만으로도 충분합니다. 본격적인 일과가 시작되기 전에 좋은 에너지를 채워 넣어주는 일을 꾸준히 반복한다면 미라클 모닝(Miracle Morning)이라는 영어 단어 뜻 그대로 기적의 아침을 경험하실 수 있을 것입니다.

미국의 유명 작가 오리슨 스웨트 마든은 이렇게 말합니다.

"습관은 처음 시작될 때 보이지도 않는 얇은 실과 같다. 그러나 습관을 반복할 때마다 실은 두꺼워지며, 우리의 생각과 행동을 꼼짝없이 묶는 거대한 밧줄이 될 때까지 한 가닥씩 보태진다."

아침 일찍 일어나는 단순한 습관 하나가 평범한 전업주부를 동기 부여 전문가로, 글 쓰는 작가로, 콘텐츠 크리에이터로 만들었습니다. 습관 하나만 바꿨을 뿐인데 일상의 모든 것이 달라졌고, 새로운 꿈이 생겼으며, 세상과 소통하는 방식이 달라졌습니다.

제가 수년간 미라클 모닝을 실천하면서 배우고 느꼈던 것들, 미라클 모닝에 관한 오해와 편견들, 그리고 지금도 함께 새벽을 깨우는 미라클 모닝 오픈채팅방 회원들이 자주 던지던 질문들, 미라클 모닝을 오랫동안 유지할 수 있었던 저만의 조언을 이 책에 모두 담았습니다. 부족한 제 글이 지금과 다른 삶을 살기를 소망하는 많은 분들에게 도움이 되길 바랍니다.

김프리

미라클 모닝을 실천한
팬들의 실제 후기

오픈채팅방 '아침의 기적'이
당신의 꿈을 응원합니다!

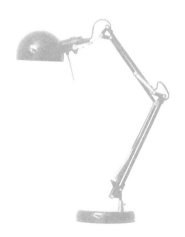

김프리님과 3년간 미라클 모닝을 실천하면서 많은 변화를 겪었습니다. 처음에는 온전히 제 자신에게 몰입할 수 있는 시간을 만들기 위해 새벽시간을 활용하기 시작했는데요. 이제는 새벽이 주는 고요함과 분주함을 즐기며 제가 하고 싶은 일과 목표를 이루고자 미라클 모닝을 실천하고 있습니다. 저는 아침에 주로 간단히 스트레칭을 하고, 논문과 책을 읽고, 그날 할 일을 정리하곤 합니다. 작고 사소한 습관이지만 덕분에 작가로서 저의 커리어도, 회사 매출도 차근차근 성장하고 있습니다.

_강성윤

저는 엄마로서 아이와 가정을 잘 돌보고, 전문인으로서 사회에서 활동하기 위해 미라클 모닝을 시작했습니다. 독박육아로 인해 제 자신에게 집중할 시간이 턱없이 부족해지자 이를 극복하기 위해 매일 아침 규칙적으로 일찍 일어나 새벽시간을 활용하게 되었습니다. 현재는 매일 아침 일찍 일어나 명상을 하고, 책을 읽고, 자격증(건축사) 공부를 하며 시간을 보내고 있는데요. 김프리님의 '아침의 기적' 오픈채팅방이 아니었다면 끈기 있게 미라클 모닝을 실천하기 어려웠을 것입니다.

_김민서

저는 워낙 잠이 많은 사람이에요. 그래서 매일매일 시간이 빠듯했습니다. 치과위생사 일도, 구강보건교육강사 일도, 엄마이자 아내로서 가정을 돌보는 일도 모두 잘하고 싶은 마음에 미라클 모닝을 실천했습니다. 부족한 '시간'을 확보하기 위해 김프리님과 함께 미라클 모닝을 실천하면서 많은 것을 이룰 수 있었습니다. 아침마다 꾸준히 글을 쓴 덕분에 『오늘도 이 닦으며 천만 원 법니다』라는 책도 출간하게 되었지요. 아침시간이 없었더라면 책을 쓸 시간도 없었을 거예요. 시간을 내 편으로 만드는 미라클 모닝의 기적을 여러분도 경험해보시기 바랍니다.

_김선이

안녕하세요, 기업강사로 활동하며 박사 과정을 밟고 있는 이미영입니다. 저는 무언가를 할 수 있다는 자신감을 얻기 위해, 시간을 보다 유의미하게 쓰기 위해 미라클 모닝을 시작했습니다. 아침시간에는 주로 블로그 관리, 독서, 영어 공부 등으로 시간을 보내는데요. 꼭 대단한 무언가를 하지 않더라도 꾸준히 미라클 모닝을 실천하자 기업강사로서의 제 브랜드 가치도 높아지더라고요. 혼자였다면 이렇게 꾸준히 하지 못했을 거예요. 김프리님이 늘 중심을 잡아주신 덕분에 지금까지 잘 실천할 수 있었습니다.

_이미영

미라클 모닝을 통해 꾸준히 노력하고 발전하는 그룹원들의 모습을 보면서 저도 의미 없는 시간을 효율적으로 쓰고자 새벽 기상을 시작했습니다. 앞으로 변화하고 보다 더 나아질 수 있다는 믿음을 바탕으로 미라클 모닝을 실천하고 있습니다. 미라클 모닝을 통해 집필 활동을 시작할 수 있었고, 현재는 지역 사회 활동가로 활동하기 위한 준비를 병행하고 있습니다.

_문홍식

안녕하세요, 공부방 원장이자 프리랜서 강사로 일하고 있는 윤남순이라고 합니다. 저는 교습소를 창업하고, 강사로서 제 전문성을 키우기 위해 아침시간을 활용하고 있는데요. 열정과 끈기를 바탕으로 선한 영향력을 행사하는 김프리님 덕분에 착실히 인생 3막을 준비할 수 있었습니다. 아침에 일찍 일어나는 데는 특별한 노하우가 없는 것 같아요. 주어진 환경에 긍정적으로 임하고, 오뚝이처럼 포기하지 않고 반복하는 끈기와 열정만 있으면 충분하다고 생각합니다.

_윤남순

저는 본래 일찍 일어나는 편이었는데요. 독서클럽에서 만난 김프리님의 제안으로 미라클 모닝을 보다 구체적으로 실천하게 되었고, 활기차고 주도적인 하루하루를 보낼 수 있게 되었습니다. 미라클 모닝이 없었다면 지금처럼 자신감 있는, 에너지 넘치는 삶을 살지 못했을 거예요. 아침시간에는 주로 달리기, 명상, 요가, 산책, 독서 등을 하며 시간을 보내고 있는데요. 나중에는 국민 대부분이 가난한 삶을 사는 후진국의 발전을 위해 봉사하는 삶을 살 생각입니다.

_임수훈

차례

PART 1   아침이 나에게 준 선물,
미라클 모닝의 힘

"가장 현명한 사람은 자신만의 방향을 따른다."
_에우리피데스

PART 1

아침이 나에게 준 선물,
미라클 모닝의 힘

나를 성공시키는 것도
나를 망치는 것도 나다

지나온 삶의 흔적을 시원하게 털어내니 수북이 쌓여 있던 먼지 때문에
빛을 내지 못했던 제 모습이 보입니다.

IMF 외환위기의 여파가 여전했던 2004년. 저는 대학교 3학년
이었습니다. 대학 졸업을 위해서는 2년 치 등록금이 필요했고,
결국 학비를 모으기 위해 휴학을 해야 했습니다. 그래서 단기
아르바이트 대신 2년이 지나면 계약이 자동으로 종료되는 대
기업 파견 사무직으로 첫 직장생활을 시작합니다.

대학교 휴학생이었기에 당시 제 최종 학력은 고졸이었습
니다. 친구들이 무거운 전공서적을 들고 사람들로 빽빽한 통학

버스에 탈 때 저는 단정한 정장을 입고 목에 사원증을 걸고 출근길에 올라야 했습니다. 위탁업체 소속이었지만 파견지가 대기업이어서 다행히 근무환경은 쾌적하고 좋은 편이었어요. 맡은 직무는 임원 비서 및 부서 내 사무지원이었습니다. 10명 정도 되는 정규직 간부들의 업무 보조가 주된 일이었고, 부서에서 필요한 자잘한 일을 도맡아 하는 사환(관청이나 회사, 가게 따위에서 잔심부름을 시키기 위하여 고용한 사람)의 역할도 했습니다.

어찌되었든 대기업에 다닌다며 친구들에게 축하를 받았지만 실제로 저의 직무는 그렇게 폼 나지 않았습니다. 당시 제 모습을 현실적으로 보여주는 드라마 배역이 있는데요. 바로 〈나의 아저씨〉에서 아이유가 맡은 '이지안'이라는 역할입니다. 실제로 드라마에서는 단순 사무직이니 굳이 똑똑하고 스펙 좋은 인재를 뽑을 필요가 없다고 언급되기도 합니다.

제가 맡은 일은 누구나 일주일만 시간을 투자하면 배울 수 있는 간단한 일이었습니다. 특별한 기술이나 고도의 집중력이 요구되지 않다 보니 제 자리는 냉장고, 복사기, 팩스, 커피포트, 간식함과 가까운 출입문 쪽에 위치해 있었습니다. 아침마다 신문을 챙기고, 커피를 내리고, 부족한 간식과 사무용품을 채우고, 사무실 화분에 물을 주었습니다. 부서원들이 외근으로 자리를 비우면 대신 전화를 받아주고, 손님이 오면 문을 열어주고, 영수증을 정리하고, 식사 장소를 예약했습니다. 가진 지식과 기술이 부족해도 충분히 할 수 있는 비교적 쉽고, 안정적인 일이었습니다.

그 후 몇 번 이직을 했지만 저는 계속 비서로 일했습니다. 다른 일도 해보고 싶어 구직사이트에 새롭게 이력서를 올리고, 면접도 여러 번 보러 다녔지만 번번이 불합격 통보를 받았습니다. 학력이 어중간하니 불리한 위치라는 것은 인정했지만 대기업 파견직 비서로 커리어를 시작했기 때문인지 비슷한 연봉에, 비슷한 직무의 길만 열렸습니다.

그런데 학력, 경력보다 더 큰 문제는 따로 있었습니다. 딱히 하고 싶은 일이 없었다는 것입니다. 뚜렷한 비전도, 닮고 싶은 롤모델도, 해보고 싶은 일도 없었습니다. 목표가 확실하지 않으니 다람쥐 쳇바퀴 돌 듯 비서에서 또 비서로 경력을 이어가며 직장생활을 해나갔습니다. 생활비가 시급했고, 생계만 해결할 수 있고 안정적이라면 액수가 적더라도 만족스러웠습니다.

어릴 적 제 꿈은 성악가였어요. 하지만 고등학교 3학년 때 IMF 외환위기로 집안의 가세가 기울자 꿈을 접어야 했습니다. 그때부터였어요. 딱히 하고 싶은 일도 없었고, 되고 싶은 것도 없었습니다. 또래 친구들이 모두 대학생이 되니 그냥 저도 똑같이 대학생이 되었고, 또래 친구들이 취업하고 직장인이 되니 그냥 저도 그들과 비슷하게 직장인으로 살게 되었습니다.

하지만 대학생활은 2년 만에 끝이 났고, 20대 후반이 되어서야 직장을 다니면서 학사 학위를 취득했기 때문에 대기업 공채에 지원할 기회는 단 한 번도 없었습니다. 시작부터 남들보다 뒤처진 것입니다. 나이 어린 동생들이 정규직 공채로 입사할 때도 저는 여전히 계약직 인턴이었습니다. 또래 친구들이 일반 사원 딱지를 떼고 대리로 승진할 때 저는 어렵게 정규직이 되었고요.

지나온 모든 선택은 제가 한 결정이었지만 항상 억울한 마음이 있었습니다. 형편이 어려워 지원해줄 수 없다는 부모님을 원망했고, 제때 대학을 졸업하지 못한 원인을 IMF 외환위기 탓으로 돌렸습니다. 그렇게 더 좋은 직업을 갖지 못한 이유를 다른 데서 찾으며 스스로 합리화했습니다. 결혼을 하고 세월이 흘러 서른이 훌쩍 넘었지만 여전히 자격지심은 저를 따라다녔습니다. 남들에게 보여줄 사회적 신분을 갈구했고, 육아를 도와줄 사람이 주변에 없는 상황에서도 무리하게 재취업을 해 '워킹맘'이라는 타이틀을 붙들고 있었습니다. 저는 지독한 열등감 덩어리, 핑계가 많은 사람이었습니다.

새벽 기상을 하면서 꽤 오랜 시간 지난날을 반추했습니다. 과거를 돌아보는 일은 스스로의 부족함을 들추는 힘들고 부끄러운 작업이었습니다. 찬찬히 제 인생이 흘러온 모양을 들여다보면서 깨달았습니다. 모든 것이 제 자신의 선택이었다는 것을요.

미라클 모닝을 시작하기 전, 38살 이전의 제 삶은 겨울이었습니다. 마음은 시렸고 몸은 고달팠습니다. 가진 것이 없는 저에게 약간의 부당함은 그럭저럭 참을 만했습니다. 남들보다 열악한 조건을 제시해도 그것조차 감사했습니다. 제가 누리는 모든 것이 제 능력과 조건에는 과분하다고 생각했기 때문입니다. 늘 자신을 한없이 작은 사람이라고 생각했고, 그렇게 세상이 정해놓은 틀 안에 저만의 틀을 또 만들어 제 자신을 가뒀습니다.

그러나 이번에는 달랐습니다. 넘어설 수 없는 한계가 있다고 생각했던 제가, 늘 다른 사람의 결정에 휘둘려 마음대로 기지개 한 번 펴지 못했던 제가, 심지어 두 아이를 키우고 있는 제가 38살이 되어 자발적으로 퇴사를 결정했습니다. 더 이상 시대가, 타인이, 상황이 제 인생을 흔들도록 방치하고 싶지 않았습니다. 지금부터라도 제 삶은 제가 결정하고, 제가 원하는 방향대로 이끌어가고 싶었습니다.

인간은 항상 가보지 못한 길을 떠올리며 뒤를 돌아보고 후회를 안고 삽니다. 스스로 선택한 길임에도 후회하고, 다른 길을 아쉬워하며 후회하고, 어쩔 수 없었다며 또 후회합니다. 어차피 지나간 날인데 항상 후회의 원인을 찾고 원망의 대상을 만듭니다. 내 탓이면 괴롭고, 남 탓이면 미움이 싹틉니다. 결국 후회는 마음속에 부정적인 감정을 싹트게 하고 오늘에 집중하지 못하게 만듭니다. 오늘이 불행한데 내일이 행복할 수 있을까요? 불가능한 일입니다.

제 인생의 가장 상위 목표는 가족 안에서 행복하게 사는 것입니다. 그동안 잊고 살았던 저를 되찾고, 미처 몰랐던 저를 발견하고, 엄마의 손길이 필요한 아이들과 일상을 행복하게 살고 싶었습니다. 마음이 건강하지 못한 엄마는 워킹맘으로 살아도, 전업주부로 살아도 불행하다는 것을 깨달았습니다. 제가 제자리를 찾을 때까지 말없이 기다려준 남편과 소소한 행복을 나누며 함께 나이 들어가고 싶습니다.

아물지 못한 마음의 상처와 이루지 못한 꿈 때문에 과거에 갇혀 살지 않기로 했습니다. 지금부터라도 저라는 사람을 있는 그대로 이해하고 받아들이기로 했습니다. 이런 마음으로 퇴사를 결정하니 모든 것이 새로운 시작처럼 느껴집니다. 월급만 바라보고 사는 삶을 미련 없이 내려놓으니 홀가분한 마음이 듭니다. 자발적 퇴사를 선택한 이들이 왜 시원하다는 표현을 쓰는지 이제는 이해가 됩니다. 늦은 나이지만 스스로 진로를 결정한 제가 자랑스럽기까지 합니다.

진짜 어른은 자기 생각과 감정을 통제할 줄 아는 사람입니다. 모든 인간은 주어진 상황에서 어떤 태도를 취할 것인가를 두고 고민하고 결정할 수 있는 자기 의지가 있습니다. 똑같은 칼이지만 의사에게는 사람을 살리는 도구가 되고, 강도에게는 사람을 해치는 도구가 됩니다. 주어진 환경의 문제가 아니라 그 상황을 어떻게 받아들이느냐에 따라 삶의 노선이 달라집니다. 삶 자체는 좋고 나쁨이 없는 중립의 세계입니다. 비극이냐 희극이냐는 결국 우리의 해석에 달려 있습니다.

선택했다면 그 선택의 결과를 최고로 만들기 위해 노력하면 됩니다. 내일을 위해 오늘 노력하는 삶이 멋진 삶이라는 생각이 듭니다. 20대까지는 부모를 포함해 자라오면서 만난 주변 어른들에게 주입받은 근거 없는 '부정 암시'를 있는 그대로 믿고 자랐습니다. 하지만 진짜 어른이 되려면 반드시 자신을 옭아매고 있는 그러한 암시의 사슬을 끊어내야 합니다. 나이가 어리면 이와 관련된 지식을 쌓기 어려울 수밖에 없습니다. 30대가 지나고 40대가 되어서도 과거에 얽매여 앞으로 나아가지 못하고 있다면 그것은 온전히 자신의 책임입니다. 자신을 알려고 노력하지 않았고, 세상 탓만 하며 제대로 된 공부를 하지 않은 게으름의 대가이기 때문입니다.

저는 착각했습니다. 잘나가는 회사에 다니면 저 또한 잘난 사람이 된다고 생각했습니다. 남이 만들어놓은 시스템에 잘 적응하고, 그 안에서 인정받는 것이 성공한 삶이라고 생각했습니다. 하지만 세상에는 남이 만들어놓은 시스템의 일부가 되는 것을 거부하는 사람도 많습니다. 회사 밖에서 기회를 찾고,

꿈을 실현하고, 희망을 말하며 행복하게 사는 사람도 많습니다. 후회, 미련, 아쉬움 대신 희망, 꿈, 설렘, 기대를 품고 사는 삶. 이전에는 경험해보지 못한 삶을 살고 싶었습니다. 많은 것을 새롭게 배우고 시작할 수 있어서 하루하루가 즐겁고 행복합니다.

저를 움직인 긍정 확언을 하나 소개합니다.

나를 성공시키는 것도, 나를 망치는 것도 나다. 모든 것은 나에게 달려 있다.

지나온 삶의 흔적을 시원하게 털어내니 수북이 쌓여 있던 먼지 때문에 빛을 내지 못했던 제 모습이 보입니다. '나'라는 작품을 만든다고 생각하고 이제부터는 가장 좋은 것만 생각하고 가장 멋지게 성공한 제 모습만 상상하기로 합니다. 모든 가능성을 열어놓고 무엇이든 될 수 있다고 생각합니다.

영원한
안전지대란 없다

꾸준히 평소보다 일찍 아침 6시에 일어나는 것만으로도
절반은 성공이라고 생각했습니다.

한 사람의 직업 혹은 직장은 평생 몇 번 바뀔까요? 여러 가지
환경 변수와 본인의 의지에 따라 다르겠지만 미국 노동통계국
이 2018년 베이비붐 세대(1957~1964년 출생자) 9,964명을 조사
한 결과, 일생 동안 평균 12.3회 이직했다는 사실을 알아냈습
니다. 노동통계국의 또 다른 자료에 의하면 베이비붐 세대 이
후 출생자는 갈수록 이직 주기가 잦아지고 있고, 간격이 짧아
지고 있다고 합니다.

아마 요즘은 분위기가 좀 더 다를 것입니다. 환경이 변했고, 일을 대하는 가치관도 크게 달라졌으니까요. 한 직장에서 15년 이상 근무한 사람을 찾기가 드문 시대입니다. 15년이 아니라 10년도 희귀합니다. 공무원이나 공기업 재직자가 아닌 이상 장기 근속할 수 있는 회사를 찾기란 굉장히 어려운 일이 되었습니다. 입사 후 정년까지 무난히 근무할 수 있었던 과거와 달리, 이제는 변화의 속도가 너무 빨라져서 같은 직무에서 오랫동안 일하기란 현실적으로 힘들어졌습니다. 적성에 맞지 않다는 이유로 어렵게 몇 년씩 공부해서 합격한 공기업을 관두고 퇴사하는 청년도 점점 늘고 있는 추세입니다.

일반적으로 근속연수가 5년 정도 되면 회사에서 '대리' 정도의 직급으로 승진합니다. 대리, 과장까지의 승진은 특별한 사유가 없는 한 근속연수가 쌓이면 보통 무난하게 됩니다. 이쯤 되면 직장생활에 완벽히 적응했고, 업무도 익숙해진 상태라 일과 삶을 분리해서 볼 수 있는 여유도 생깁니다. 하지만 이 시기에 항상 잊지 않고 찾아오는 친구가 있습니다. 바로 매너리즘입니다.

영국의 저명한 사상가 찰스 핸디의 S자 곡선(시그모이드 곡

찰스 핸디의 S자 곡선

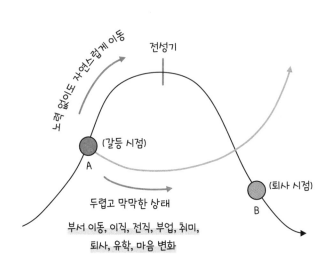

선)으로 예를 들어보겠습니다. S자 곡선에서 보듯이 우리의 삶
이나 조직은 정상에 도달하면 하강하기 시작합니다. 어떤 것
도 영원하지 않습니다. 직업의 성장 변화와 성장 단계 측면에
서 살펴보면 우리는 보통 A지점에서 안주하는 마음과 매너리
즘을 만나게 됩니다. A지점에서 일에 대한 나름의 의미를 찾고
지금의 조직에서 만족할 만한 성장 포인트를 발견하게 되면

자연스럽게 곡선의 제일 위, 전성기까지 오릅니다.

그러나 A지점에서 소모되는 삶을 산다는 느낌, 더는 회사에서 배울 것이 없다는 생각이 머릿속에 자리 잡으면서 혼란스러워지기 시작합니다. 롤모델이 없다면 상황은 더욱 심각해집니다. 더 나은 미래를 위해 무턱대고 회사를 그만두면 생계가 걱정되고, 그렇다고 계속 머물자니 시간이 아깝고 새로운 일을 할 기회가 사라지는 것 같은 불안이 싹틉니다. 불에 타고 있는 배 같다는 생각이 들지만 쉽게 바다로 뛰어내리지 못합니다.

우리는 결정해야 합니다. 노력 없이 편안하게 살 수 있는 상황에 안주할 것인지, 암담한 미래에서 벗어나기 위해 변화할 것인지를 말입니다. 찰스 핸디는 곡선이 최고조에 이르기 전에 미리 하강곡선에 대비하라고 조언합니다.

회사를 휴직하기 전, 저는 전성기로 쉽게 올라갈 수 있는 상황이었습니다. 회사 내에서 아무도 저의 업무에 간섭하지 못했고, 오랫동안 해왔던 일인지라 업무를 새로 배울 필요도 없었습니다. 출퇴근 거리가 먼 것도 오히려 저에게 유리하게 작용해 사내에서 유일하게 저만 17시에 퇴근할 수 있었습니다

(정규 퇴근시간은 18시 30분이었습니다). 드물지만 아이들이 아파 등원을 못 하는 상황이 생기면 눈치 보지 않고 월차를 썼고, 연봉을 포함한 모든 것이 만족스러웠습니다. 하지만 저는 안주하고 싶지 않았습니다. 시간이 지나면 저 역시 자연스레 B지점에 도달할 테고, 그 시간이 얼마 남지 않았음을 본능적으로 느꼈기 때문입니다.

대단한 성과를 내지 않아도 필요한 근속연수만 채우면 저는 차장까지 무난하게 승진할 수 있었습니다. 하지만 딱 거기까지라는 생각이 들었습니다. '내가 이 일을 언제까지 할 수 있을까? 언젠가는 회사를 나와야 할 텐데 비서라는 직무를 조직 밖에서 어떻게 활용할 수 있을까? 내가 좀 더 발전할 수 있을까?' 하고 고민해봤지만 쉽사리 답이 떠오르지 않았습니다.

물론 비서 경력을 살려 창업한 선배들도 있습니다만 저는 이 일에서 비전을 발견하지 못했습니다. 제 인생 가치관과도 맞지 않는 일이었고요. 직급이 높아지고 연봉이 올라가도 같은 일을 계속 할 수밖에 없는, 한계가 뚜렷한 직무였기 때문입니다. 그래서 지금 하는 일이 저를 성장시키지 못한다는 결론을 내렸습니다.

직장이라는 안락한 울타리를 벗어나려고 마음먹었지만 솔직히 두려웠습니다. 프리랜서로 일하는 것이 생각보다 어렵다는 것을 잘 알고 있었고, 코로나19로 직장을 잃거나 새로운 소득원을 창출하기 위해 많은 사람이 프리랜서 시장에 뛰어들면서 경쟁은 더욱 치열해졌습니다. 그사이 시장 환경은 너무 많이 변했고, 새롭게 익혀야 할 기술과 지식 등은 지금 하고 있는 업무와 별다른 연관성이 없었습니다. 맨땅에 헤딩하는 마음으로 처음부터 모든 것을 새롭게 배우고 익혀야 했습니다.

마음의 준비를 하고, 용기를 키우고, 지식을 쌓을 시간이 필요했습니다. 새로운 일을 시작하면서 만나야만 하는 수많은 변수를 감당할 수 있는 튼튼한 몸과 마음, 탄탄한 지식이 절실했습니다. 꾸준히 평소보다 일찍 아침 6시에 일어나는 것만으로도 절반은 성공이라고 생각했습니다. 가는 길이 험난해도, 시간이 오래 걸려도 자신 있었습니다. 누구에게나 처음은 어렵고 힘들지만 어려움을 이겨내고 해내는 사람은 분명 존재하기 때문입니다.

일본의 심리 카운슬러이자 저술가인 우에니시 아키라는 이렇게 말합니다.

"명확한 목표를 세우는 것은 인생의 내비게이션에 목적지를 입력하는 것과 같다."

우리에게 '퇴사'는 피할 수 없는 현실입니다. 퇴사의 시기가 빠르냐 느리냐, 혹은 자의냐 타의냐의 차이가 있을 뿐이지 언젠가는 들이닥칠 문제입니다. 제자리에 안주하기를 선택한다면 우리의 미래는 회사에서 큰 영향력을 발휘하는 사람에 의해 결정될 것입니다. 오랫동안 회사에서 일하고 싶지만 타인의 의사결정에 의해 나의 성장곡선이 끊어질 수도 있습니다. 하지만 A지점에서 새로운 나를 발견하고 삶에 대한 구체적인 목표를 발견한다면 우리의 인생곡선은 다시 한번 우상향을 그릴 것입니다. 나이가 들어도 나만의 가치로 경제적 활동이 가능한 삶, 내가 내 은퇴의 시기를 결정할 수 있는 삶을 충분히 만들 수 있습니다.

저는 평생 현역으로 일하는 것이 꿈입니다. 이 꿈을 이루기 위한 첫 번째 계단에서 제가 선택한 일은 바로 시간을 관리하는 것이었습니다. 무슨 일을 어떻게 하고 어떻게 살아갈 것인지에 대한 고민, 내 인생에서 가장 중요한 것을 잃지 않고 살아가는 방법을 발견하는 시간이 필요했습니다. 고요한 새벽시간에 진지한 진로 고민을 시작했고, 무엇을 내 삶의 우선순위로 둘 것인가가 정해지자 시간을 쓰는 기준이 달라졌습니다.

물론 새벽에 일찍 일어나지 않아도 성공할 수 있습니다. 미라클 모닝은 수많은 시간관리 방법 중 하나일 뿐이지 절대적인 성공의 법칙이 아닙니다. 열심히 살고 있다는 증거도 아니고, 남에게 보여주기 위한 전시용 액션도 아닙니다. 이 시간은 나 자신과 대화하는 시간입니다. 누구와 무엇을 하며 어떻게 살아갈 것인지를 고민하고 발견하는 시간입니다. 매일 주어진 과업을 끝내기도 버거운 바쁜 일상 속에서 잃어버린 나를 되찾고, 미처 몰랐던 나를 발견하는 시간입니다. 이미 다 커버린 어른의 진로를 대신 고민해주는 사람은 없습니다. 온전히 자기 자신의 몫입니다.

가고 싶은 곳이 정확히 어디인지 아는 것, 어떤 신발을 신고 어떤 배낭을 메고 누구와 동행할지 결정하는 것. 이것이 바로 진로 탐색입니다. 길의 풍경은 시시각각 변하고, 신발은 닳고, 배낭은 무거워집니다. 동행했던 이들과 헤어지기도 하고 새로운 친구를 만나기도 합니다. 이 모든 변화를 담담하게 인정하고 목적지를 향해 꾸준히 전진할 수 있는 에너지를 만들어낼 수 있는 시간이 저에게는 새벽시간이었습니다. 견디고 버티는 힘을 키우는 시간이었습니다.

사람들이 다 비슷한 삶을 산다고 생각하시나요? 아니요. 절대 그렇지 않습니다. 주어진 환경이 같아도 자신의 삶이 어디로 흘러가는지를 아는 사람만이 진정으로 삶을 즐길 수 있습니다. 세상의 잡음과 불필요한 소음이 없는 새벽시간을 경험해보시기 바랍니다. 나만의 시간을 쌓다 보면 한 번도 경험하지 못한 새로운 세상을 살게 될 것입니다.

새로운 정체성을
찾아서

있는 그대로 가장 자연스러운 제 모습으로, 제가 없으면 안 되는 곳에서,
존재의 충만함을 느끼며 살아가기로 다짐합니다.

비서의 주된 업무는 상사가 핵심 업무에 집중할 수 있도록 서
포트하는 것이며, 상사의 개인적인 영역도 일정 부분 업무에
포함되기도 합니다. 식사를 챙기거나, 휴가나 출장을 위해 비
행기와 숙박업소를 예약하거나, 자녀의 해외 체류를 위한 학교
와 숙소 등을 마련하는 일도 비서의 업무에 포함됩니다. 상사
의 집안 내 경조사나 각종 행사를 챙기는 등 의전을 담당하기
도 합니다.

내 아이인지 직장 상사인지, 집인지 회사인지의 차이만 있을 뿐, 비서의 업무는 아이를 키우는 육아와 비슷한 점이 많습니다. 상사가 몇 시에 일어나는지, 오전 6시에 시작하는 조찬 회의에 정시 참석이 가능한지, 어디에서 누구와 무엇을 먹고 어떻게 이동하며 어디에서 숙박하는지 등을 빠삭하게 파악해야 했습니다. 담당하는 임원이 어디서 무엇을 하고 있는지를 모른다는 것은 있을 수 없는 일이었지요. 비서는 중간에서 임직원과 최고경영자 사이를 이어주는 가교 역할을 해야 했기에 안팎으로 아주 많은 것을 살펴야 했습니다.

2017년 8월, 제가 재취업했을 때 제 딸은 두 돌이 채 되지 않은 아기였습니다. 우리나라 나이로는 3살, 개월 수로는 21개월이었지요. 아이는 아침마다 엄마가 없다는 이유로 밥상을 수도 없이 엎으며 애타게 엄마를 찾았다고 합니다. 흔히 겪는 성장통이니 점점 좋아질 거라고 너무 걱정 말자고 아이 등원 준비에 지친 남편을 다독였지만, 아침마다 아이와 실랑이를 벌이는 남편은 갈수록 지쳐갔습니다. 서로 바쁘고 지친 하루를 보내다 보니 부부 간의 대화는 점점 줄어들었고, 전에 없던 크고 작은 다툼이 시작되었습니다.

새벽 5시에 나가 저녁 7시에 들어와 고작 2~3시간 얼굴 보는 게 엄마냐며, 아이는 엄마만 찾는데 너는 누구를 위해 일하냐며 따지고 묻는 남편의 질문에 저는 그 어떤 말도 할 수 없었습니다. 육아와 살림에 들이는 시간과 노력을 굳이 따지자면 맞벌이여도 엄마인 제가 훨씬 더 많은데, 당시에는 남편이 왜 그렇게까지 화를 내는지 이해하기 어려웠습니다. 하지만 분명 문제가 있었고, 저는 일과 양육 사이에서 중심을 잡지 못해 정체성의 혼란이 왔습니다.

제가 퇴근하고 집에 들어가는 순간부터 잠에 들 때까지 아이는 엄마 품에서 떨어지지 않으려 했습니다. 재직 기간 동안 4명의 돌봄 선생님이 개인 사정으로 딸아이 돌봄을 그만두셨습니다. 아마도 쉽게 마음을 내어주지 않는 아이를 돌보는 일이 힘들었을 것입니다. 엄마의 사랑이 너무도 필요한 아이, 감정이 섬세하고 변화에 민감한 아이, 놀이터에서도 친구들과 섞여 놀지 않고 혼자 노는 아이, 아직 세상과 소통할 준비가 안 된 아이를 너무 일찍 남의 손에 맡긴 탓이었습니다. 딸은 여러모로 저에게 'SOS'를 보내고 있었습니다. 엄마가 절대적으로 필요하다고 온몸으로 외치고 있었습니다.

그러다 평소처럼 출근을 하던 10월의 어느 날 아침, 꽉 막힌 올림픽대로 위에서 하염없이 눈물이 쏟아졌습니다. 회사만 아니면 엮일 일이 없는 타인의 손과 발이 되어 살아가고 있는 제 모습이 한심하게 보였습니다. 아침 5시에 출근해 밤 7시가 되어서 퇴근하는 이 생활을 1년 더 한다고 상상하니 감당할 수 없는 죄책감과 미안함이 몰려왔습니다. 5년 후를 생각해도 저에게 남는 것이 없었습니다. 이미 월급 대부분이 아이 돌봄 비용과 부모님 생활비로 지출되고 있었기 때문입니다. 아이는 엄마 없는 공백을 느끼며 외롭게 성장할 테고, 사랑해서 결혼한 남편과의 관계는 더 나빠질 것이 불 보듯 뻔했습니다.

제가 놓치고 있던 무언가를 깨닫는 순간, 마음이 굉장히 무거워졌습니다. 매일 아침 엄마가 없다며 서럽게 울고 있을 딸아이가 눈에 밟혔습니다. 유치원에 1등으로 등원해서 꼴등으로 하원한 후 특공무술 학원 차를 타고 다시 이동하는 아들의 얼굴도 떠올랐습니다. 항상 엄마를 기다리고 있다는 아들의 말이 어떤 의미인지를 이해하게 되니 사무실에 앉아 있는 1분 1초가 지옥이었습니다. 매일 아침 두 아이를 씻기고 입히고 먹이느라 애쓰며 진땀을 빼는 남편의 얼굴도 그려졌습니다. 아이

울음소리와 남편의 고함으로 가득 차 있는, 제가 없는 아침을 상상하니 단 하루도 견딜 수가 없었습니다.

사람은 누구나 인정받고 싶은 욕구가 있습니다. 저를 움직이게 하는 가장 큰 원동력 중 하나는 타인의 인정이었습니다. 그렇다 보니 남들보다 타인의 평가에 더 예민했습니다. 첫 직장생활을 비정규직으로 시작했다 보니 정규직이 되기 위해서라도 타인의 '인정'이 너무나도 절실했습니다. 지금보다 좀 더 높은 계단을 오르려면 힘 있는 상사들의 승인이 필요했습니다. 정규직이 되기까지 5년이라는 너무나 힘겨운 시간을 버텨냈기 때문에 직장생활을 쉽게 놓을 수 없었습니다. 그토록 원하던 정규직이 된 이후에도 저보다 앞서 나가는 사람들을 보며 좀 더 인정받고, 승진하고, 성공하고 싶었습니다.

하루하루가 전쟁이라고 생각하며 살았던 저는 결혼을 하고 아이를 출산했음에도 오로지 '회사' '성취' '인정' '승진'에만 몰두했습니다. 이런 마음을 품고 아이를 키우니 육아가 즐겁지 않았고, 해야 하는 일과 해내고 싶은 일 사이에 갇혀 숨이 막혔습니다. 엄마는 무엇을 해야 하는 사람인지, 좋은 엄마가 되기 위해서는 어떤 노력이 필요한지 생각해본 적도 없었습니다.

저는 육아보다는 회사 일을 잘하는 사람이니 보육은 최소한의
것만 해도 된다고 생각했습니다. 가정생활도 분업이고 각자 잘
하는 분야를 맡아서 하면 아이도 무탈하게 잘 자라고 가정의
평화도 잘 유지될 것이라 생각했습니다.

"지금 지현 씨가 일하고 있는 그 자리에 들어오기 위해 줄 서
있는 애들이 수백수천이야. 회사는 지현 씨 아닌 다른 사람을
선택할 수 있는 권리가 있으니, 지금의 자리가 마음에 들지 않
으면 언제든 나가도 좋아."

20대 초반 비정규직으로 일하던 시절, 팀장님이 저에게 해
주신 말이 떠올랐습니다. 당시에는 언제든 너는 다른 사람으로
대체될 수 있다는 협박에 가까운 조언이었지만, 뒤집어 생각해
보니 틀린 말은 아니었습니다. 회사에는 직원이 빠진 자리를
신속히 채우는 인사팀이라는 조직이 있습니다. 저의 공백을 어
떻게 채울 것인지는 퇴사를 계획하고 있는 제가 걱정할 일이
아니었습니다. 입사와 퇴사는 회사라는 큰 조직 내에서 빈번하
게 있는 일입니다. 굳이 큰 의미를 두지 않아도 괜찮은 것이었

습니다.

하지만 가정은 회사와 달랐습니다. 아이들의 엄마, 남편의 아내는 제가 아니면 누구도 대체할 수 없습니다. 아이들에게 엄마는 없어서는 안 되는 절대적인 존재이고 남편 역시 아내인 제가 필요했습니다. 회사는 저 하나 빠져도 아무 문제없이 돌아가지만 가정은 그렇지 않습니다. 구성원 하나하나가 서로에게 기대고 의지해야 합니다. 성공과 승진이 조직을 통제하고 관리하기 위한 하나의 수단, 그 이상도 이하도 아니라는 것을 깨닫자 더 이상 회사에 머무를 이유가 없었습니다.

물론 '엄마'는 사회에서 고스펙으로 통용되는 그런 자리는 아닙니다. 그 역할이 명확하지 않으니 잘하고 못한다는 평가 자체가 무의미하지요. 하지만 존재 자체만으로도 말과 글로 표현할 수 없을 만큼 깊은 의미가 있습니다. 캄캄하고 한적한 시골길을 지나갈 때 언제 스쳐지나가는지도 모르는 가로등 불빛 덕분에 무서움이 사라지는 것처럼, 아이는 다 자란 성인이 되어서도 엄마는 항상 옆에 있고 엄마는 무조건 내 편이라는 안도감을 무기 삼아 세상을 헤엄쳐나갑니다.

이제 저는 제가 없으면 안 되는 곳에서 하루하루 열심히 살아갑니다. 아이도 키우고, 살림도 하고, 좋아하는 일을 하면서 돈도 법니다. 회사는 제가 없어도 아무 문제없습니다. 비서실은 제가 없어도 잘 돌아갑니다. 하지만 제 가정은 제가 없으면 안 됩니다. 이곳에서 저는 대체될 수 없는 존재입니다.

꼭 무언가를 이뤄내지 않아도 되는 존재, 그 자리에 가만히 머무르기만 해도 충분히 의미 있는 존재, 저는 아이들에게 그런 사람이었습니다. 능력을 증명할 필요도, 쓰임을 위해 애쓸 필요도 없었습니다. 있는 그대로 가장 자연스러운 제 모습으로, 제가 없으면 안 되는 곳에서, 존재의 충만함을 느끼며 살아가기로 다짐합니다.

일을 버렸더니
일이 왔다

새벽에 홀로 시간을 보내는 의도된 은둔이
저에게 새로운 기회와 용기를 가져다줬습니다.

직장에서는 제가 선택할 수 있는 것이 거의 없었습니다. 직장에서는 특히 제가 만나고 싶은 사람을 선택해서 만날 수 없는 점이 가장 힘들었습니다. 찾아오는 사람은 당연히 제가 아닌 회사 경영진을 만나기 위해 사무실을 방문했고, 손님은 비서로 일하는 저를 '커피 타주는 아가씨' '복사나 잔심부름 따위를 시키는 사람' 정도로 여겼습니다. 사정이야 어찌되었든 그 일은 제가 해야 하는 일이었고, 회사가 저에게 월급을 주는 이유였기에 싫어도 꾹꾹 참으며 응대했습니다.

모든 일이 상사 중심으로 돌아갔고, 바쁠 때는 점심식사도 거를 때가 많았습니다. 화장실을 가거나 잠깐의 외출도 힘들었습니다. 회사에 있을 때는 손님과 직원에게 치이고, 집에서는 두 아이를 돌봐야 하는 상황. 저는 놀이와 휴식, 조용히 홀로 있는 시간이 필요했습니다. 그래서 육아휴직 기간 동안은 꼭 해야 하는 일, 아이를 돌보는 일을 제외하고는 의무감으로 해야 하는 일은 하지 않기로 했습니다. 아이들이 유치원과 학교에 간 이후에는 시간적으로 꽤 여유가 있었지만 운동을 제외하고는 자발적 은둔을 선택했습니다. 타인과 엮이는 일은 최대한 자제하면서 저를 쉬게 하는 일, 제가 하고 싶은 일만 선택적으로 했습니다.

소통이 줄어드니 적당히 알고 지낸 지인들과 자연스럽게 멀어졌습니다. 그것 역시 받아들이기로 했습니다. 가끔 이렇게 사람을 안 만나도 괜찮을까 하는 불안감이 생기기도 했지만 아끼는 지인 몇몇과 가족과 저에게만 시간을 할애했습니다. 2020년에는 코로나19 바이러스로 사회적 거리두기가 시작되었고, 어쩔 수 없이 집에서 머무는 시간이 더 늘어났습니다. 저는 이 시간이 오히려 기회처럼 느껴졌습니다. 홀로 있는 시간을 만들어주는 합법적이고 꽤 괜찮은 핑계거리가 되었으니까요. 집에 머무는 동안 책을 읽고 글을 쓰면서 제 마음속에 있던 심리적 장벽들과 마주하는 시간을 가졌습니다.

외로운 고립이 아닌 의도적 은둔을 통해 저는 저를 성장시키는 힘을 찾았습니다. 신기하게도 꼭 만나고 싶은 사람만 만나는 삶은 제 인간관계를 더욱 끈끈하게 만들었습니다. 월급 받는 삶을 던져버리자 주말에도 끊임없이 울리던 휴대전화가 조용해졌고, 제 주변에는 제가 좋아하고 아끼는 것들만 남게 되었습니다. 자발적 고립을 선택했다고 생각했지만 이것이 세상과의 단절을 의미하는 것은 아니었습니다. 불필요한 것들을 걸러내고 제 인생에서 더 중요한 사람들 옆으로 한 발짝 다가가는 시간이었습니다.

육아맘의 특권 중 하나는 누군가와 금전을 담보로 엮이지 않아도 된다는 점입니다. 물론 육아도 직장생활만큼 힘듭니다. 온전히 엄마로서 살기로 했다 하더라도 분명 하기 싫은 일이 있고, 아이를 키우다 보면 의도치 않게 활동 반경도 좁아져서 삶이 단조로워지고 권태도 느낍니다. 그러나 사내 평판을 관리하듯 이웃과의 관계에서 억지로 노력할 필요가 없다는 점, 잠깐 여유가 생기면 나를 위한 소소한 취미생활을 즐길 수 있다는 점, 육아를 하는 동안 짬짬이 취향과 일정에 따라 부업과 프리랜서 일을 자유롭게 선택할 수 있다는 점이 큰 장점으로 느껴졌습니다.

스피닝이라는 새로운 운동을 시작했고, 팟캐스트에 도전했으며, 블로그·인스타그램·유튜브를 통해 새벽 기상을 함께 하는 동료들과 소통했습니다. 운동하며 알게 된 새로운 지인 덕분에 홈쇼핑 방송도 해봤고, 블로그에 쌓인 미라클 모닝 콘텐츠 덕분에 소소한 부업의 기회도 찾아왔습니다.

정말 신기하게도 일이라 생각하지 않고 했던 일들 덕분에 전에 가보지 못한 새로운 길이 열렸습니다. 그동안 저에게 일은 남에게 일방적으로 맞추고 남에게 필요한 것을 빠르고 정확하게 찾아내 제공하는 것이었습니다. 지금은 제가 가진 다양한 자원을 활용해 제 가치관과 방향성을 고려해 하고 싶은 일을 하며 자유롭게 살고 있습니다. 좋아하는 일로 돈을 벌 기회가 생기니 삶은 더욱 풍족해졌습니다.

저는 지금 이 생활이 매우 만족스럽습니다. 엄마라는 역할을 제대로 해내지 못한 죄책감, 살뜰한 아내의 역할을 해내지 못한 미안함이 가슴을 짓누르던 워킹맘 시절보다 지금이 더 당당하고 행복합니다. 불필요하게 얽혀 있던 인맥도 깔끔하게 정리되었습니다.

시간이 허락된다면 가고 싶은 곳을 자유롭게 갈 수 있고, 아이들을 돌보는 데 방해되는 일은 적당히 거절해도 되고, 돈으로 얽힌 관계가 아니니 만나고 싶은 사람만 만나도 되는 엄마의 삶. 육아는 분명 고된 일이지만 엄마로 사는 삶은 적당히 바쁘고, 적당히 재미있고, 굉장히 뿌듯합니다. 더불어 그동안 열심히 공부하며 깨우친 전문지식을 활용해 미라클 모닝과 관련된 몇 가지 서비스와 콘텐츠를 만들며 제공하는, 과거의 저였다면 상상도 하지 못한 보람 있는 삶을 살고 있습니다.

육아와 살림에 충분한 시간을 할애하면서도 좋아하는 일을 대인관계 스트레스 없이 할 수 있고, 시스템만 잘 설계하면 사람들을 도우며 월급 이상의 수입도 올릴 수 있는 엄마의 삶. 줄 것과 받을 것을 정확하게 계산하는 관계 대신 마음과 마음으로 소통하는 따뜻한 이웃과 정답게 살아가며 그 안에서 제가 할 수 있는 일을 하나씩 찾아가는 삶. 귀중한 시간과 에너지를 가족에게 아낌없이 나눠줄 수 있으니 더욱더 만족스럽습니다. 저는 당분간 온전한 엄마로 살면서 이러한 선택의 자유를 계속 누리려 합니다. 공간과 시간의 제약을 장애가 아닌 새로운 기회로, 자연스러운 삶의 과정 중 하나라고 생각하니 의외로 많은 길이 눈에 보였습니다. 그동안 직장생활 때문에 하지 못했던 것들, 배우고 싶지만 시간이 없어 뒤로 미뤄놓았던 것들도 아이들이 커가는 동안 차근차근 도전해보려 합니다.

우리는 때때로 과거에 닫힌 문을 지나치게 오랫동안 후회스럽게 바라봅니다. 그래서 새롭게 열린 문을 알아차리지 못하기도 합니다. 저 역시 회사 밖으로 나온 뒤에도 한동안은 과거의 프레임에 갇혀 살았습니다. 그러나 미라클 모닝과 만나 새로운 기회를 찾았고, 이제는 용기를 내어 제 앞에 열려 있는 수많은 기회의 문을 하나씩 열어보려 합니다. 문 너머에 막연히 꿈으로만 상상한 많은 것이 현실이 될 수 있는 다양한 솔루션이 있다고 확신합니다. 일을 버렸더니 새로운 일이 오는 기적, 새벽에 홀로 시간을 보내는 의도된 은둔이 저에게 새로운 기회와 용기를 가져다줬습니다.

새벽을 만난
덕분에

새벽을 만난 덕분에 저는 있는 그대로의 저를 긍정하며
매일 행복하게 읽고 쓰는 사람으로 살아가겠노라 결심했습니다.

자녀가 둘인 저는 퇴사 전에 나라에서 제공해주는 육아휴직이라는 좋은 제도를 쓸 수 있었고, 덕분에 직장인 신분을 좀 더 누릴 수 있었습니다. 육아휴직을 신청했으니 육아휴직 수당을 수령하기 위해 형식상 유지만 하고 있던 개인사업자도 휴업했습니다. 콘텐츠로 수익을 내기까지 꽤 긴 시간이 필요하다 보니 적당한 수익이 발생하기 전까지는 건강보험료, 국민연금과 같은 고정비는 일단 줄여야 했습니다.

이제라도 해보고 싶은 일을 자유롭게 해보자 마음먹고 평소 알고 지내던 동생과 팟캐스트 방송을 시작했습니다. 팟캐스트를 처음 시작한 2019년, 저에게 필요한 건 용기였고 버릴 건 두려움이었습니다. 콘텐츠를 기획하고 만드는 일이 잘 맞는 일인지 천천히 테스트해볼 수 있고, 세상에 나라는 사람을 알릴 좋은 기회라고 생각하고 꾸준히 정기적으로 오디오 콘텐츠를 올렸습니다.

팟캐스트 콘텐츠를 홍보하기 위해 인스타그램과 블로그의 운영 전략을 수정했고 새벽 기상, 독서, 글쓰기 등을 주제로 기록을 꾸준히 남기기 시작했습니다. 온라인 퍼스널 브랜딩을 위해 많은 책을 읽고 다양한 시도를 병행하자 채널은 조금씩 성장했습니다. 그사이 회사는 제가 출퇴근할 수 없는 지역으로 사옥을 이전했고, 현실적으로도 복직은 불가능해졌습니다. 회사로 돌아가는 대안은 이제 머릿속에서 완전히 사라지게 됩니다. 결과적으로는 잘된 일이었어요. 저는 그렇게 육아를 하면서 콘텐츠 창업을 준비하는 예비 퇴사자 겸 창업자가 되었습니다.

저는 천주교 신자지만 속상한 일이 있거나 마음의 다독임이 필요할 때면 산이나 절에 갑니다. 하느님께는 참 죄송하지만 20살 이후부터는 한 번도 성당에 나가지 않았습니다. 사는 게 바빠서, 육아 때문이라는 평계를 대고 있지만 시댁의 종교가 불교이다 보니 자연스럽게 성당으로 향하는 발걸음이 뜸해졌습니다. 그렇다고 종교를 바꿀 생각은 없지만 종교에 대한 저의 믿음과 행동이 일치하지 않는 것은 확실합니다. 그럼 저는 지금 천주교 신자일까요, 아니면 불자일까요? 여러 번 생각해도 대답하기 모호하고 어려워서 종교가 무엇이냐는 질문을 받을 때마다 "저는 저만 믿습니다."라고 농담 반, 진담 반 대답합니다.

이와 비슷한 맥락에서 누군가와 처음 만났을 때 상대가 "무슨 일을 하세요?"라고 물으면 말문이 막히곤 했습니다. 육아휴직 중인 시점을 기점으로 소개한다면 4대보험에 가입된 직장인, 가장 많은 시간을 할애하는 업으로 소개한다면 육아맘, 수입이 가장 좋은 분야로 소개한다면 주식 투자자이자 블로거, 가장 좋아하는 일을 기준으로 소개한다면 책을 읽고 글을 쓰는 콘텐츠 크리에이터였습니다. 스스로도 혼란스러웠습니다. 나라는 사람이 무슨 일을 하는 사람인지, 나 자신을 다른 사람에게 어떤 일을 하는 사람이라고 소개를 해야 할지 여러 번 생각해봐도 딱히 떠오르는 단어가 없었습니다.

요즘은 아예 결혼을 하지 않거나, 결혼을 해도 아이를 낳지 않기로 합의한 사람들이 꽤 많습니다. 예전에는 나이가 들면 결혼하는 것이 당연했고, 결혼하면 아이를 낳는 것이 당연했지만 요즘에는 그렇지 않습니다. 이제 엄마라는 사회적 역할을 개인이 자유롭게 선택할 수 있게 된 것입니다. 하지만 아이를 낳고 나서는 선택에 대한 책임이 따릅니다.

일단 아이를 낳으면 평생 엄마로 살아가며 꽤 긴 시간을 자녀의 성장과 독립을 위해 헌신해야 합니다. 아이를 지키고 돌보는 역할을 충실하게 해내야 합니다. 우리는 이 땅에 태어나 평생을 낳아주고 길러준 부모의 자녀로 살아가지만 "제 직업은 누구누구의 자녀입니다."라고 말하지는 않습니다. 저는 엄마라는 역할도 마찬가지라고 생각합니다. 엄마 자체로는 직업이 될 수 없다고 생각합니다.

성공한 기업가나 브랜드는 고유한 철학과 신념을 담은 캐치프레이즈로 브랜드의 메시지를 선명하게 드러냅니다. 하지만 당시에 저는 그 어느 카테고리에도 속하지 못했습니다. 프리랜서처럼 일하긴 하지만 액수를 말하기엔 다소 부끄러운 수입이었고, 창업을 준비 중이긴 하지만 백수 아닌 백수다 보니 무언가 실체가 없는 것 같은 느낌이 들었지요. 그렇다고 전업주부라고 설명하기에는 육아 말고도 하는 일이 너무 많았습니다. 그래서 '김프리'라는 닉네임으로 세상에 전하고자 하는 메시지를 찾는 일, 새로운 정체성을 내세우는 일은 저에게 매우 중요한 문제였습니다.

스스로 질문을 던질 때는 고민들을 주섬주섬 꺼내 천천히 볼수 있었다. 그런데 질문을 받는다는 것은 나를 한마디로 요약해 변호하는 일이었다. 여기서 대답은 분명하고 일관돼야 하며 다른 사람이 들었을 때 바로 수긍할 수 있는 것이어야 한다.

『무례한 사람에게 웃으며 대처하는 법』에서 읽은 문장입니다. 새벽 기상을 시작한 지 얼마 안 되었을 때, 이 책을 읽고제 자신에게 참 많은 질문을 던졌습니다. "다른 사람들에게 나를 무엇이라고 설명해야 할까?" "퍼스널 브랜딩의 관점에서 봤을 때 김프리라는 인물은 SNS를 통해 무엇을 말하고 싶은 걸까?" "나를 어떻게 정의하고 변호해야 할까?" "나의 사회적 위치는 무엇일까?" 어떤 삶을 살고 싶은지 진지하게 파고들수록 직업적 정체성에 대한 고민은 더욱 깊어졌습니다.

정체성을 찾기 위해 제가 진짜 원하는 삶이 무엇인지 생각날 때마다 두서없이 메모하기 시작했습니다. 직장은 없지만 월급처럼 따박따박 통장에 돈이 들어오면 좋겠고, 시간에 구애받지 않고 하고 싶은 일은 소소하게 다 하며 살고 싶고, 아이들이 학교를 졸업할 때까지 제 힘으로 잘 키우고 싶고, 이웃에게 선한 영향력을 주는 사람이 되고 싶었습니다. 제가 써놓은 것들을 종합해보니 뭔가 이상하고 애매한 부분도 있었습니다. 막연하게 돈 많은 백수나 N잡러를 꿈꾸는 몽상가 같기도 했습니다. 하지만 제가 이렇게 되지 못할 이유도 없었습니다.

지금 하는 재테크 공부를 열심히 해서 돈을 잘 굴리면 자산은 늘어날 테고, 제 이름으로 책을 출간하고 SNS에 좋은 콘텐츠를 꾸준히 올리면 많은 이에게 선한 영향력을 끼치는 사람이 될 수 있을 테니까요. 꾸준히 노력하면 제가 원하는 삶을 충분히 누리고 살 수 있겠다는 생각이 들었습니다.

꿈꾸는 삶을 현실로 만들기 위해 가장 먼저 시작한 일은 오랜 시간 제 몸과 마음에 깊게 박혀 있던 직장인의 마인드를 털어내는 것이었습니다. 생산자이자 창작자로서 새롭게 정신 무장을 해야 했습니다. 그다음은 콘텐츠 크리에이터로서 가장 기본 중의 기본, 제대로 된 콘텐츠를 만드는 공부가 필요했습니다. 마지막으로 왕관을 쓰기 전에 그 무게를 견딜 수 있는 단단한 마음의 근육을 단련하는 것, 버티는 힘을 키울 필요가 있었습니다.

꽤 오랜 시간 고민한 끝에 저는 제 자신을 한마디로 표현할 수 있는 저만의 '메시지'를 고안해냈습니다. 김프리라는 사람의 브랜드 메시지인 셈이지요. 나중에 무언가 더 그럴듯한 것이 떠오르면 언제든지 바꿀 수 있으니 너무 깊게 고민하지 않기로 했습니다.

"Be happy and everyday reading and writing(행복하게 매일 읽고 씁니다)."

제가 하고 있는 일들 가운데 가장 좋아하는 것은 읽고 쓰는 일입니다. 저는 읽고 쓰는 삶을 살며 제가 원하는 인생을 만들고 싶습니다.

혹자는 여러 방면에서 조금씩 재주가 많은 사람은 밥을 굶는다, 모든 능력치가 골고루 높은 선수보다 특정 부분에서 장점이 뚜렷한 선수가 프로가 될 수 있다고 말합니다. 저는 조금 다르게 생각합니다. 운동선수는 운동만 하지 않습니다. 유튜브도 보고, 책도 쓰고, 요리도 하고, 강연도 하고, 방송에도 출연합니다.

저 역시 육아맘이라 해서 살림만 하지 않습니다. 공동구매로 돈을 벌고, 강의를 하고, 책을 씁니다. 살아가는 동안 경험할 수 있는 다양한 것을 놓치며 살고 싶지 않습니다. 물론 제일 앞에 세워진 도미노 하나를 제대로 세우는 작업, 즉 한 가지 일에 집중하고 몰입해 킬링 콘텐츠를 만드는 것 역시 크리에이터로서 중요한 과업입니다. 하지만 일단은 조급히 생각하지 말고 해보고 싶은 일을 차근차근 해보기로 합니다. 단 하나의 '원씽(One thing)'을 발견하기 위해 많은 것을 경험하며 읽고 쓰는 삶을 살려고 합니다.

스마트폰이 등장했던 초기, 스마트폰의 사용법을 익히기 위해 실눈을 뜨고 겨우 봐야 보이는 설명서 글씨를 집중해서 읽었던 기억이 납니다. 전체적인 기능을 익힌 뒤에는 새로운 기기에 익숙해질 때까지 필요한 기능만 선택적으로 골라 사용합니다. 어디에 무엇이 있는 줄 아는 것이 먼저입니다. 자기계발도 마찬가지입니다. 먼저 나에게 무슨 능력이 있는지를 알아야 어떤 능력을 키울 것인지 결정할 수 있습니다. 탐색의 과정이 아무리 지루하고 고되더라도 견뎌내야 합니다.

우리는 우리 자신을 알기 위해 얼마나 많은 시간을 투자하고 있나요? '나'라는 사람을 파악하기 위해 얼마나 집중하고 있나요? 나라는 사람은 유일하므로 설명서 같은 게 존재할 리없고, 존재한다 치더라도 그 설명서를 매일 들여다볼 수는 없습니다. 우리는 하루하루 변하고, 주변의 환경도 하루하루 변하기 때문입니다.

미라클 모닝을 통해 새벽과 조우하는 일은 살아온 날들 만큼 겹겹이 쌓인 내 안의 수백 가지 모습을 인정하고 받아들이는 과정입니다. 과거의 나를 돌아보고, 미래의 모습을 상상하며 오늘을 살아가게 해줍니다. 새벽을 만난 덕분에 저는 있는 그대로의 저를 긍정하며 매일 행복하게 읽고 쓰는 사람으로 살아가겠노라 결심했습니다. 매일 읽고 쓰면서 오늘 할 일을 충실히 해내는 사람, 그 과정에서 느끼는 행복을 많은 이에게 전달하는 사람으로 살아가려 합니다.

아침은 마음의 소리에
귀 기울이는 시간

나를 알아야 내 주변에 있는 많은 것들과
건강한 관계를 맺을 수 있습니다.

그동안 저는 저를 너무 모르고 살았습니다. 스스로를 자기관리를 꽤 잘하는 사람이라고 생각하며 착각하고 있었습니다. 제대로 공부해보니 제가 알고 있던 자기관리는 자기관리가 아니었습니다. 자기관리, 자기계발은 겉과 속을 함께 돌보는 굉장히 깊고 넓은 영역이었습니다. 정신적 성장이 반드시 동반되어야 하는 것이었습니다. 그 심오한 의미를 제대로 알지 못했기 때문에 외모 관리에만 신경 쓰며 살았고, 적당히 체중을 유지하

고 피부를 나이보다 어려 보이게 가꾸는 것이 자기관리, 자기
계발이라고 착각했습니다.

미라클 모닝을 접한 이후 꾸준한 독서로 전보다 지식의 양
이 늘었고, 정신적 깊이도 깊어졌습니다. 그리고 제 나름대로
자기관리, 자기계발을 세 가지 단계로 구분 지어봤습니다.

첫째, 자기 통제의 단계입니다. 스스로 몸과 마음을 통제하
며 좋은 습관을 만들기 위해 의도적으로 노력하는 단계입니다.
체중을 줄이기 위해 먹고 싶은 걸 참고, 평소에 하지 않던 운동
을 합니다. 독서를 습관으로 만들기 위해 하루에 정해진 분량
만큼 책을 읽고 필사합니다. 지각하는 습관을 바로잡기 위해
잠이 안 오지만 평소보다 일찍 잠자리에 들고, 알람을 맞춥니
다. 과거의 나쁜 습관을 없애기 위해 몸과 마음을 통제하고, 환
경을 변화시키기 위해 노력합니다.

둘째, 자리관리의 단계입니다. 자신을 통제하는 것은 한계
가 있습니다. 어느 수준을 넘어가면 의지만으로 되지 않을 때
가 옵니다. 그리고 대부분 이 시기를 넘기지 못하고 습관 만들
기를 포기합니다. 소위 말하는 '작심삼일'의 단계입니다. 하지
만 자신을 어느 정도 통제할 수 있는 레벨이 되면 의지력을 관

리하고 환경을 자신에게 유리한 쪽으로 바꾸는 능력이 생깁니다. 통제에는 압박감과 스트레스가 필수적으로 동반되지만 일단 이 영역으로 진입하면 부정적인 감정들조차 성장 동력으로 삼는 정신적 수준으로 올라섭니다.

셋째, 마지막 단계인 자기발견 단계입니다. 첫 번째 단계인 자기 통제의 단계에서 마음은 있으나 실행으로 옮기지 못했던 일을 직접 경험함으로써 많은 심리적 갈등과 시행착오를 겪고, 내가 몰랐던 새로운 내 모습과 만납니다. 나에게 없던 능력을 발견하고, 이전에 몰랐던 자신의 단점까지도 확실히 깨닫습니다. 자신을 스스로 통제하고 관리할 줄 아는 사람이라는 믿음이 생기면 정체성 자체도 달라집니다. 한층 성장한 자신의 모습을 만납니다. 남도 모르고 나도 몰랐던 새로운 내 모습을 발견하는 단계, 이 단계가 바로 자기발견의 단계입니다.

새벽 기상과 독서로 저는 이 세 가지 단계를 차례대로 경험했습니다. 본래의 저를 있는 그대로 인정하면서 이전과는 다른 삶을 살기 위해 저 자신을 통제했고, 이 과정에서 다양한 제 모습과 만났습니다. 제가 가지고 있던 본질적 기질에 대해 이해했고 제가 특별한 사람도, 이상한 사람도 아닌 지극히 평범

조하리의 창

구분	자신은 안다	자신은 모른다
타인은 안다	열린 창 (Open)	보이지 않는 창 (Blid)
타인은 모른다	숨겨진 창 (Hidden)	미지의 창 (Unknown)

한 사람이라는 것도 알게 되었습니다. 달라지기 위해 특별히 무언가를 없애거나 바꾸려고 노력하지 않아도 괜찮은 사람이라는 깨달음을 얻었습니다.

커뮤니케이션 이론 중에 '조하리의 창'이라는 이론이 있습니다. 대인관계에 있어 자신이 타인에게 어떻게 보이고, 또 어떤 성향을 가지고 있는지를 파악할 수 있도록 도움을 주는 모델인데요. 고안자인 미국의 심리학자 조셉 루프트와 해리 잉햄이 1955년 발표한 이론으로 '마음의 창' '마음의 네 가지 창'이라고도 합니다.

이 이론은 나도 알고 남도 아는 나(열린 창), 나는 알고 남은 모르는 나(숨겨진 창), 나는 모르고 남은 아는 나(보이지 않는 창), 나도 모르고 남도 모르는 나(미지의 창)로 자기 인식의 영역을 구분합니다. 진정한 자기계발은 바로 이 네 가지 영역을 제대로 이해하는 것이고, 여기서 중심은 '나'입니다.

내가 알고 있다고 생각했던 내 모습이 진짜 내가 아닐 수도 있고, 남이 아는 내 모습이 가짜일 수도 있습니다. 남에게 보여주지 않고 나만 아는 내 모습도 내 안에 숨겨져 있습니다. 나도 모르고 남도 모르는 미지의 영역은 적절한 외부 자극 없이는 발견하기 어려울 것입니다. 진짜 나의 모습을 발견해 모든 영역에서 다른 사람에게 공개할 '나'와 상처받지 않게 지켜야 할 '나'를 알아가는 것. 이 두 가지 '나'의 적절한 조화를 만들어내는 것이 곧 자기계발입니다.

철없는 10대에는 저라는 사람 자체가 타고나기를 감정적으로 예민하고 타인의 반응에 민감한 사람이라고 생각했습니다. 그런 유전자를 가지고 태어났으니 고치거나 바꿀 수 없다고 믿었지요. 특유의 감수성, 예민함, 예측하기 힘든 감정 기복을 통제할 수 없는 당연한 무언가로 여겼습니다. '예술적'인 기질이라고 포장하며 일종의 특권 같은 것으로 생각했습니다.

그래서 솔직한 게 좋은 것이고 나와 다른 사람에게 제가 느낀 감정을 감추는 것은 나쁘다고 확신했습니다. 긍정적인 감정 표현은 물론이고 속상하면 울고, 화나면 화내고, 싫으면 싫다고 정확하게 이야기하는 것이 모두를 위하는 길이라고 생각했습니다. 지나치게 제 중심적인 감정 처리는 모임의 분위기를 갑자기 어색하게 만들기도 했고, 솔직함을 가장한 뼈아픈 말로 남에게 상처를 주기도 했습니다.

이제와 돌이켜보면 제 안에서 생기는 부정적인 감정을 상대방의 동의나 허락 없이 내뱉는 일은 일방적인 배설이었습니다. 공감 능력과 배려가 많이 부족했던 어른아이였던 것입니다. 겉으로 보이는 모습은 당당하고 자신감이 넘치지만 남의 부탁을 잘 거절하지 못하고 타인에게 인정받고 싶은 욕구가 크다 보니 정작 필요한 말을 해야 하는 상황에서는 입을 다물어버리는 사람이었습니다. 남이 보는 나와 내가 보는 나의 차이가 너무 심하다 보니 마음의 부대낌은 점점 더 저를 힘들게 했고, 남에게 숨겨야 하는 감정이 늘어나면서 스트레스를 폭식과 폭음으로 풀곤 했습니다.

결혼 후 아이를 키우고, 배우자와 함께 오래 살다 보니 오르락내리락하는 감정 기복은 저뿐만 아니라 가족들까지 힘들게 했습니다. 혼자 살 때는 저의 못난 모습을 보는 것은 저밖에 없었지만, 결혼 후에는 항상 남편과 아이들이 제 옆에 있으니 가족들은 가끔씩 이해하기 힘든 행동을 하는 저를 보면서 많이 놀라는 모습을 보이기도 했습니다.

어느 장단에 춤을 춰야 할지 몰라 눈치 보는 남편, 엄마의 감정 날씨를 매일 곁눈질로 살펴보는 아이들을 보면서 돈 잘 벌고 능력 있고 똑똑한 엄마도 멋진 엄마지만 아이들에게 진짜 필요한 엄마는 감정을 잘 다스릴 줄 아는 엄마라는 것을 깨달았습니다. 아이들에게 비바람이 불고 폭풍이 몰아쳐도 집에 돌아오면 큰 바위처럼 믿고 의지할 수 있는 엄마가 있다는 믿음을 심어주고 싶었습니다. 남편에게도 심리적인 안정감을 심어주는 아내가 되고 싶었습니다.

자신의 감정을 알아차리고 감정을 다스리는 것은 결혼생활에서도, 사회생활에서도 정말 필요한 능력입니다. 휘청거리는 제 마음을 꽉 부여잡고 자존감 높은 사람이 되고 싶어서 심리상담, 미술치료도 받고 좋다는 책도 참 많이 읽었지만 제게 맞는 방법을 찾기란 너무 어려운 일이었습니다. 그러다 문득 '마음을 다스리는 가장 좋은 방법은 매일 똑같은 시간에, 똑같은 장소에서, 똑같은 행동을 하는 것'이라는 어느 책의 문장이 떠올랐습니다.

처음에는 '이미 직장에 다닐 때 규칙적으로 살아봤는데 이게 무슨 효과가 있겠어?' 하고 반신반의했습니다. 하지만 어쩔 수 없이 출근해야 하는 상황과 제 의지대로 일찍 일어나는 미라클 모닝은 다른 점이 분명히 있을 것 같아 도전해보기로 했습니다. 첫 목표는 대단한 자기계발이 아니었습니다. -100에서 +100까지 널뛰는 저의 감정 기복의 폭을 -50에서 +50까지 줄이는 방법을 찾는 것이었습니다. 지인에게 고민을 털어놓았더니 아침에 일어나자마자 감정 일기를 써보라고 추천해주더라고요. 그 말을 듣자마자 그다음 날 아침부터 잠은 잘 잤는지, 몸 상태와 기상 직후 떠오르는 감정은 어떤지 등을 블로그에 차곡차곡 기록했습니다.

감정 변화의 일정한 주기는 저의 생리 주기와 거의 일치했습니다. 저를 포함한 세상의 모든 여자는 호르몬의 영향을 크게 받습니다. 하지만 학교 생물시간에 시험을 치르기 위해 배우는 생리 주기와 몇 가지 호르몬에 대한 지식으로는 저를 이해하기에 턱없이 부족했습니다. 임신했을 때도 주수별로 태아와 산모의 상태가 어떻게 변한다는 것만 간단하게 알려줄 뿐,

호르몬의 변화에 따라 감정이 어떻게 달라지는지 상세하게 알려주는 육아서는 없었습니다.

저는 태어날 때부터 감정 기복이 심하지 않았고, 예술적 감수성이 특별히 뛰어나지도 않았습니다. 어릴 때 들었던 "너는 왜 이렇게 별나니?"와 같은 어머니의 부정 암시와 호르몬의 영향력에 대해 무지했기에 벌어진 일이었습니다. 제 감정 변화의 주된 원인에 대해 더 깊게 알아야겠다고 마음먹자, 정말 신기하게도 우연히 서점에 진열되어 있던 『여자의 뇌』라는 책과 만났습니다. 이 책 덕분에 태아기 때부터 완경기까지, 여자의 뇌에서 엄마의 뇌로 변화하는 과정에서 호르몬 분비가 어떻게 달라지는지를 더 정확하게 알 수 있었습니다.

대부분의 여성은 내내 잘 지내다가 어느 순간 모든 것이 허무해지는 순간이 주기적으로, 반복적으로 찾아옵니다. 감정의 골짜기가 깊어지는 이 시기, 월경주기 3주차부터를 황체기라고 하는데요. 프로게스테론 수치가 급격히 상승하는 시기로 대부분의 여성이 월경 증후군을 경험하는 기간입니다. 호르몬에 대한 지식이 늘어나면서 저는 제 자신을 좀 더 잘 이해했고, 어제는 괜찮았는데 오늘은 안 괜찮은 이유를 편안하게 받아들

일 수 있었습니다. 혼자만 매일 감정의 널을 뛰고 있는 것이 아니라는 생각에 조금은 위안도 되었습니다.

호르몬의 변화를 이해하고, 매일 아침 일찍 일어나 몸과 마음의 상태를 살피는 시간을 갖자 조금씩 자신감이 생겼습니다. 전장에 나가는 장수가 자신의 몸과 마음을 살피고 무기를 점검하는 것처럼 매일 비장한 마음으로 스스로를 살피고 또 살폈습니다. 불편하거나 마음에 걸리는 일이 있으면 해결하기 위해 오늘 내가 해야 할 일이 무엇인지를 정리하고, 내가 쓸 수 있는 에너지를 관리하기 위해 집중했습니다.

나를 알아야 내 주변에 있는 많은 것들과 건강한 관계를 맺을 수 있습니다. 새벽시간을 통해 자신을 알아가는 시간을 가져보는 것은 어떨까요? 남들이 해주는 조언을 듣기보다는 내 마음의 소리에 더 집중해보면 어떨까요? 분명 세상이 다르게 보일 것입니다.

"처음에는 우리가 습관을 만들지만
그다음에는 습관이 우리를 만든다."
_존 드라이든

PART 2

시작하라,
미라클 모닝

미라클 모닝의
다섯 가지 장점

미라클 모닝을 습관처럼 실천한다면 긍정적인 효능감을 느끼며
활기차게 하루를 시작할 수 있습니다.

미라클 모닝에 대해 자세히 설명하기 전에 먼저 제가 체험한 미라클 모닝의 장점부터 소개하겠습니다. 크게 다섯 가지로 정리할 수 있습니다.

1. 긍정적인 효능감

첫 번째, 긍정적인 효능감을 느끼며 하루를 시작할 수 있습니다. 옛말에 시작이 좋으면 끝이 좋다고 했습니다. 중요한

일정이 있어 하루나 이틀 정도 평소보다 일찍 일어나는 것은 그리 어려운 일이 아닙니다. 매일 늦잠을 자는 어린아이도 다음 날 소풍을 간다고 하면 자다가도 번뜩 눈을 뜨곤 하니까요. 하지만 기상시간을 완전히 바꾼다는 것은 생각만큼 쉬운 일이 아닙니다. 아침에 1시간 일찍 일어난다는 것은 그동안 에너지를 써왔던 방식 자체를 바꾸는 작업이기 때문입니다. 그래서 많은 사람이 새벽에 일어나는 일을 시도하다 중도에 포기하곤 합니다. 우리 몸은 생각보다 변화에 빠르게 적응하지 못합니다. 기존의 생활 습관을 그대로 유지하려는 항상성이 있기 때문입니다.

미라클 모닝을 실천하겠다고 마음먹은 첫날, 평소보다 1시간 일찍 일어났다고 가정해봅시다. 이불 속에 더 있고 싶다는 욕망을 잘 참고 일어나 물 한 잔을 마시고 자리에 앉았습니다. 어떤 기분이 들까요? '아, 괜히 일찍 일어났네. 오늘 매우 피곤하겠어.' 이렇게 생각하는 사람이 있을까요? 미라클 모닝을 실천했다는 성공 경험은 '오늘 아침도 나의 게으름을 물리치고 일찍 일어났네. 시작이 좋은 걸? 오늘 하루도 힘내보자.' 하는 성취감으로 이어집니다. 만일 부정적인 생각부터 머릿속에 떠오른다면 미라클 모닝으로 인생을 바꾼 사람은 단 한 명도 없을 것입니다.

2. 뛰어난 가성비

두 번째, 미라클 모닝은 가장 가성비 좋은 자기계발 방법입니다. 자기계발을 해야겠다고 마음먹고 무언가를 새로이 시작하면 보통은 비용이 발생합니다. 사용한 돈이 투자가 될지 소비로 여겨질지는 그 돈을 다 쓴 후의 결과로 결정되는데요. 자격증 공부든 운동이든 결과물, 그러니까 '남는 게' 없다면 소요된 비용은 투자가 아닌 소비가 될 것입니다.

만일 강의료나 헬스장 비용을 지불해 자격증을 취득하거나 체중을 감량하는 데 성공했다면 목표를 달성하는 과정에서 느끼고 배웠던 것들, 목표 달성 이후의 성취감과 만족감이 전체적으로 연결됨으로써 자기계발비의 가치가 증명됩니다. 당연한 이야기지만 어떤 자기계발이든 무조건 돈을 쓴다고 목표를 달성하는 것은 아닙니다. 세상엔 돈으로 해결할 수 있는 것들이 아주 많지만 지극히 개인적인 변화는 보통 철저한 시간 관리 능력, 변화를 끌어내는 실천을 지속할 수 있는 체력, 쉽게 포기하지 않는 끈기가 더 중요하기 때문입니다.

비용 면에서 미라클 모닝은 가성비가 뛰어납니다. 일찍 일어나기 위해 돈을 써야 할까요? 당연히 단돈 1원도 들지 않습니다. 알람만 있으면 충분하니 부담 없이 시작할 수 있습니다.

3. 혼자서도 가능하다

세 번째, 혼자서도 가능합니다. 미라클 모닝을 습관으로 만드는 일은 함께하는 파트너가 없어도 가능합니다. 사실 미라클 모닝을 같이 하자고 제안하는 것도 조금 이상한 일이긴 해요. 가까운 가족, 친구, 직장동료에게 "새벽에 나랑 일찍 일어나서 자기발견 해볼까?" 하고 제안하는 순간 여러분을 멀리하는 것이 느껴질 겁니다. 난 아침잠이 많아서 그런 거 못한다며 손사래를 칠지 모릅니다.

새로운 일을 시작할 때 꼭 누군가 옆에 같이 있어야 마음이 편하다는 사람도 있습니다. 그런 유형의 사람은 운동을 배워도, 학원에 다녀도 친구가 동행해야 합니다. 당연히 실행 동력이 약할 수밖에 없습니다. 혼자서 해내지 못하면 앞으로 만나게 될 수많은 기회와 재미있는 경험을 놓치고 맙니다. 매번 같은 자리만 빙빙 돌고 있는 것 같고, 뭐라도 해야 하는데 왜 이렇게 귀찮은지 모르겠다며 주저앉습니다. 같이 갈 친구가 없다는 이유로 변화의 기회 앞에서 망설이지 마세요.

주변에 아무리 사람이 많아도 나와 진정으로 동행할 수 있는 사람을 찾기란 쉽지 않습니다. 어떤 누구도 하루 24시간을 나와 똑같이 쓰는 사람은 없기 때문입니다. 한두 번 시간이 맞을 수는 있어도 매순간 함께할 수는 없어요. 특히 새벽 기상은 다른 사람이 개입할 여지가 많지 않은, 개입해도 장기간 큰 영향력을 미치지 못하는 너무나도 개인적인 습관의 영역입니다. 미라클 모닝은 철저하게 개인의 노력에 달려 있습니다. 오롯이 내가 나에게 필요한 시간을 확보하고 한정된 시간을 어떻게 쓸 것인지를 자발적으로 결정하는 일입니다.

때로는 가장 일반적이고 보편적인 것이 어떤 누군가에게는 독이 되기도 합니다. 코칭이나 몇 권의 책이 단기간 실행력을 키우는 데 도움이 될 수는 있지만, 습관은 감정과 환경과 개인적인 건강상태와 삶의 방식에 더 큰 영향을 받습니다. 미라클 모닝의 표면적인 이유는 자기계발이지만 그 이면에 과거의 학대나 트라우마, 타인과의 갈등으로 인한 심리적 어려움이 숨겨져 있는 경우도 있습니다. 상대를 제대로 이해하지 못한 채 던지는 조언과 정확하지 않은 지식은 자칫 상대를 더 아프게 하는 독이 될 수 있습니다. 무엇을 하든 파트너나 스승을 옆에 둘 때 항상 신중해야 하는 이유입니다.

물론 체조, 피겨스케이팅, 골프도 좋은 코치가 옆에 있으면 더 좋은 성적을 낼 수도 있습니다. 선수들끼리의 네트워크 역시 동기 부여 차원에서 어느 정도는 필요합니다. 하지만 성패를 결정하는 가장 큰 요소는 선수 개인의 노력과 정신력입니다. 흔들림 없는 멘탈과 끊임없는 반복과 연습이 필요할 뿐이지 스포츠댄스, 배구, 농구, 야구, 축구처럼 동료나 상대 팀이 있을 필요는 없습니다. 물론 선수들끼리의 네트워크는 동기 부여 차원에서 어느 정도 필요합니다.

일찍 일어나는 습관은 다른 사람에게 돈을 주고 배워야 할 만큼 어려운 기술도 아닙니다. 알람 없이 원하는 시간에 일어나겠다는 굳은 의지, 그러한 의지를 관리하는 환경의 설계, 끊임없는 반복이 필요할 따름입니다. 일찍 일어나는 것이 습관으로 자리만 잡으면 어린아이도 혼자서 실천할 수 있습니다.

4. 여유시간 확보

네 번째, 남보다 더 많은 시간을 누릴 수 있습니다. 변화에는 시간이 필요합니다. 하지만 우리에겐 생각보다 시간이 없습니다. 하루 대부분의 시간을 남을 위해 쓰기 때문입니다. 내 일에 집중하기 위해 해야 할 일을 대신해줄 수 있는 사람을 찾는 것. 이것이 채용의 가장 큰 목적이자 서비스 산업의 기본 메커니즘이지요. 하지만 보통은 남을 고용할 만큼 여유자금이 없기 때문에 알뜰하게 자투리 시간을 활용해 해야 할 일을 하곤 합니다.

시간은 1초의 추가 시간 없이 모두에게 공평하게 주어집니다. 그러므로 미라클 모닝은 단순히 일찍 일어나는 습관이 아닌, 남들보다 하루를 더 길게 사는 마법과 같은 자기계발 방법입니다. 물론 꼭 새벽시간이 아니어도 자기계발에 필요한 시간을 확보하는 방법에는 여러 가지가 있습니다. 점심시간을 활용해도 좋고, 퇴근 후 개인적인 만남을 줄여 자투리 시간을 확보하기도 합니다. 저도 직장생활을 하면서 시간을 확보하기 위해 다방면으로 노력해봤는데요. 방법마다 장단점이 있었습니다.

일단 점심시간을 공부하는 시간으로 활용하는 경우에는 시간이 좀 부족했습니다. 길어봐야 1시간 30분이고, 끼니를 거르지 않는 이상 그 시간을 온전히 내 시간으로 활용하기엔 무리가 있습니다. 또 동료들과 함께하는 맛있는 점심 식사를 포기해야 하고, 쉬는 시간이 없으니 오후 업무시간에 쉽게 지친다는 단점도 있습니다. 퇴근 후는 점심시간보다 좀 더 많은 시간을 확보할 수 있다는 장점이 있지만 직장동료나 친구, 연인과의 관계를 포기해야 한다는 단점도 있습니다. 또 온종일 고된 일에 시달려 피곤한 상태에서는 최상의 집중력을 발휘하기 힘든 경우도 많습니다.

그래서 진짜 나를 위한 시간은 일부러 찾아서 확보해야 합니다. 여기서 미라클 모닝의 장점이 빛을 발합니다. 미라클 모닝을 통해 원하는 만큼 시간을 확보할 수 있기 때문입니다. 하루 중 피곤함을 느끼지 않는 시간대, 가장 최고조의 몰입이 가능한 시간대가 바로 아침시간입니다. 같은 시간을 쓰더라도 제대로 집중한 1시간과 피곤한 상태에서의 1시간은 생산성에서부터 차이가 대단히 큽니다.

일단 관건은 일찍 일어나는 데 성공하는 것입니다. 그러기 위해 휴대전화를 보는 시간, TV를 보며 혼술을 하는 시간, 지인과 별 의미 없이 문자를 주고받는 시간 등을 줄여보세요. 지금 당장 만나지 않아도 되는 사적인 만남을 줄이고 취침시간을 최대한 확보해 미라클 모닝을 실천하는 데 집중해봅시다. 남는 시간을 어떻게 쓸 것인가는 그다음에 생각해도 좋습니다.

'일하는 것도 힘든데 이렇게 살면 왕따 되는 거 아닌가?' 하는 생각이 드는 분도 계실 것입니다. 성공한 사람들은 흔히 "사람이 재산이다." "인맥관리만 잘해도 반은 성공이다." "남을 돕는 사람이 성공한다." 등 '관계'의 중요성을 강조합니다.

저도 한때는 인맥왕이 되고 싶었습니다. 프리랜서를 준비하던 시절, 저 역시 이 말을 철석같이 믿고 매일 누군가와 만났습니다. 네이버 카페를 개설해 1인 기업가들을 위한 정기모임과 강의를 개설했고, 조건 없이 재능 기부도 열심히 했습니다. 돈은 사람에게서 온다는 진리를 철석같이 믿으며 수도권, 지방 가릴 것 없이 돌아다녔습니다.

하지만 비즈니스 관계로 맺어진 만남은 원하는 것을 얻어내기 위한 치밀한 계산이 전제된 형식적인 만남이 대부분이었고, 생각 이상으로 에너지 소모가 컸습니다. 별 의도 없이 했던 말과 행동이 오해가 되어 상대방과 등을 돌리게 되는 일이 잦아지는 등 마음을 다치는 일도 많았습니다. 한참이 지나서야 억지로 좋은 관계를 형성하고 유지하기 위해 아까운 시간을 소모할 필요는 없다는 것을 깨달았습니다.

미라클 모닝이라고 해서 쉬지 말고, 놀지 말고, 타인과 만나지 말라는 의미는 아닙니다. 한정된 시간을 아끼고 잘 활용해 목표를 달성하고 삶을 원하는 만큼 변화시킨다면 더 큰 여유와 행복을 누릴 수 있습니다. 미라클 모닝을 통해 좋은 방향으로 나아가면 필요한 관계와 인맥은 부수적으로 따라올 것입니다.

만일 시간 확보에 어려움이 있다면 자기계발에 필요한 시간을 사전에 계산해 일정표를 짠 다음 일찍 잠자리에 들면 됩니다. 쉽게 설명해드리기 위해 아침 7시에 일어났던 과거의 저와 아침 5시에 일어나는 현재의 저를 비교해봤습니다. 두 시간표는 미라클 모닝을 시작하기 전과 후, 제가 실제로 생활하고 실천했던 패턴을 있는 그대로 표현한 것입니다.

먼저 자유시간을 살펴보겠습니다. 수면시간과 생산활동(업무, 출퇴근 시간 포함)은 미라클 모닝 전후가 똑같습니다. 다만 밤

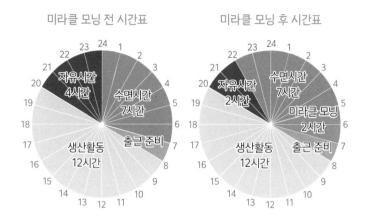

미라클 모닝 전 시간표 　　　　미라클 모닝 후 시간표

에 누리던 4시간의 자유시간 중 2시간을 새벽으로 앞당겼습니다. 22~24시와 5~7시는 똑같은 2시간이지만 각각 밤과 아침이라는 차이점이 있습니다. 과연 이 중 어떤 시간이 생산성이 높을까요? 하루 동안 쓸 수 있는 에너지를 모두 다 써버린 밤과 새로운 에너지가 샘솟는 아침, 여러분은 어떤 시간을 선택하겠습니까? 둘 다 활용해본 저는 아침시간을 선택했고, 그 결과 인생이 달라졌습니다.

　7시 이후 출근 준비 시간 역시 미라클 모닝 전후로 큰 차이가 있습니다. 미라클 모닝 전에는 피곤이 덜 풀리고 잠에서 덜 깬 상태에서 하루를 괴롭게 시작했습니다. 5분이라도 더 자고 싶은 마음에 몸부림치곤 했지요. 반면 미라클 모닝 이후에는 이미 몸과 마음이 다 깨어 있는 상태에서 출근 준비 시간을 맞이했습니다. 해야 할 일을 해냈다는 성취감과 새로운 미래를 준비하고 있다는 만족감을 느끼며 하루를 시작했기 때문일까요? 몸과 마음은 가볍고 출근을 준비하는 시간도 콧노래가 나올 만큼 즐겁습니다.

시간 활용에 변화가 생기면 몸의 하루 주기 리듬도 바뀝니다. 하루 주기 리듬이 바뀌었다는 것은 에너지를 쓰는 방식이 달라졌다는 것을 의미합니다. 취업 초기를 떠올려보세요. 학생으로 살던 때와 다른 시간표로 일상이 움직이다 보니 긴장도 되고, 회사라는 새로운 조직에 적응하는 과정이 매우 피곤하게 느껴집니다. 하지만 시간이 흘러 새로운 시간표에 적응하면 피곤함은 가시고 요령이 생기지요. 새벽 기상 습관도 똑같습니다. 적응하는 시간이 필요할 뿐입니다.

실제로 미라클 모닝 초기에 피곤함을 느껴 포기하는 경우가 많습니다. "자는 시간은 똑같고 평소보다 조금 일찍 일어났을 뿐인데 왜 이렇게 피곤한지 모르겠어요." 하고 피로감을 호소하는 경우가 많습니다.

체력적으로 한계를 느끼는 사람이 할 수 있는 선택는 두 가지입니다. 하나는 과거로 돌아가는 것, 다른 하나는 체력을 기르기 위해 시간표에 운동을 추가하는 것입니다. 저는 후자를 선택했고, 매일 운동하는 습관 덕분에 하루에 아주 많은 일을 해내고 있습니다. 아침에는 스피닝과 골프 연습을 하고, 오후에는 딸아이와 수영장에 가며, 밤에는 필라테스를 소화할 만큼 강인한 체력을 만들었습니다. 나이보다 어려 보이는 효과까지 얻었으니 운동으로 자기계발, 취미생활, 육아라는 세 마리 토끼를 다 잡은 셈입니다.

자유시간을 새벽으로 옮기는 모닝 루틴에 대해 아직까지 반신반의하고 있다면 '미라클 모닝으로 확보 가능한 독서량'을 함께 살펴보겠습니다. 독서 습관이 전혀 잡혀 있지 않은 사람을 기준으로 책 한 권을 읽는 데 평균 4시간(240분) 정도 걸린다고 가정해봅시다. 주5일 미라클 모닝을 실천하면 누적 독서 시간과 독서량은 얼마나 될까요?

평일 기준 1년간 일찍 일어나 1시간씩 독서한다면 60권의 책을 읽을 수 있습니다. 책 읽는 습관이 잡혀 속독이 가능해 지면 훨씬 더 많은 책을 읽을 수 있겠지요? 1년에 책 60권을 읽

미라클 모닝으로 확보 가능한 독서량

1일 독서시간	20일 (1개월)	권수	120일 (6개월)	권수	240일 (1년)	권수
0.5시간	10시간	2.5권	60시간	15권	120시간	30권
1시간	20시간	5권	120시간	30권	240시간	60권
1.5시간	30시간	7.5권	180시간	45권	360시간	90권
2시간	40시간	10권	240시간	60권	480시간	120권

＊주5일, 1권 독서=4시간 소요 가정

으면 우리의 삶은 어떻게 바뀔까요? 극적인 변화는 아니더라도 긍정적인 방향으로 바뀐다는 데 한 표 던지겠습니다. 제 삶이 책을 통해 바뀌었기 때문에 자신 있게 말할 수 있습니다. 어설픈 스승, 자격 없는 멘토보다 훨씬 더 믿을 만한 게 바로 책입니다. 책에는 자신의 업에서 한 권의 책을 쓸 정도로 경력과 능력을 갈고닦은 사람들의 정수가 담겨 있기 때문입니다.

"퇴근 후에 읽으면 되잖아요?"라고 되물을지 모릅니다. 하지만 잘 생각해보세요. 퇴근 후에 바로 집으로 귀가하는 날이 얼마나 될까요? 세상에는 독서 말고도 재미있는 것들이 정말 많습니다. 미혼이라면 애인과 데이트도 해야 하고, 기혼이고 아이가 있다면 집에 가서 편안히 쉬기란 더더욱 힘듭니다. 친구도 만나야 하고, 영화도 봐야 하고, 공연도 봐야 하고, 쇼핑도 해야 합니다. 유튜브에 빠지면 2~3시간은 기본입니다. 유혹거리가 주변에 많은 저녁시간보다는 아침시간이 책을 읽기에 제격이라 생각합니다.

출판업계는 불황이라고 하지만 여전히 종이책을 찾는 사람들은 존재합니다. 인간의 성장에서 '독서'는 빼놓을 수 없는 가장 확실한 자기계발 방법이기 때문입니다. 꼭 굳이 종이책을 고집하지 않아도 좋습니다. 책의 무게, 그리고 지니고 다니는 일이 번거롭다면 전자책을 추천합니다. 읽는 것이 익숙하지 않다면 오디오북도 좋은 독서가 될 수 있습니다.

온종일 일한 지친 몸으로 책상 앞에 앉아 미래를 준비하는 것은 쉬운 일이 아닙니다. 내 삶에 도움이 되는 가치 있는 일, 중요한 일을 아침 일찍 일어나 미리 해버리면 퇴근 후의 시간을 보다 즐겁고 재미있게 보낼 수 있을 거예요. 어쩌면 미라클 모닝의 가장 큰 혜택은 '숙제'를 미리 끝낸 뒤 죄책감 없이 자유롭게 시간을 보낼 수 있는 '행복감'일지 모릅니다.

5. 최고의 집중력

마지막으로 다섯 번째, 미라클 모닝을 통해 비교적 수월하게 최고의 집중력을 발휘할 수 있습니다. 집중력을 끌어내기 위한 최상의 조건은 무엇일까요? 바로 흐름이 끊기지 않는 것입니다. 고도의 집중력을 유지하기 위해서는 방해받지 않는 조건을 만들어야 합니다. 가장 최적의 조건은 일단 혼자여야 한다는 것입니다. 독립된 공간이 있으면 더 좋습니다. 가능하면 외부인의 출입이 어려워야 하고, 외부의 소음도 차단되고 내가 만들어내는 소음도 밖으로 나가지 않아야 합니다. 이렇게 온전히 집중할 수 있는 시간을 최소 40분 이상 확보해야 합니다. 가족들 모르게 티 나지 않는 은둔의 시간을 만들어내는 것이 핵심입니다.

요즘 시대를 초연결 사회라고 이야기합니다. 모든 사람, 사물, 공간이 인터넷으로 이어져 네트워크를 형성하는 것을 초연결 사회라고 하는데요. 덕분에 편리한 삶을 누리고 있지만 때로는 너무 많은 간섭이 오히려 스트레스가 되곤 합니다. 실제로 조금만 다른 일에 집중하면 광고를 포함해 메신저에 읽지 않은 대화들이 수십 개씩 쌓이고, 어쩌다 하루이틀 SNS를 쉬면 읽지 않은 소식이 수백 개씩 쌓인 모습을 볼 수 있습니다.

상황이 이렇다 보니 휴대전화가 조용하면 불안감을 느끼는 경우도 있습니다. 이런 유형의 사람은 지하철을 탈 때도, 친구와 대화를 할 때도, 모임 중에도, 회의 중에도, 밥을 먹을 때도, 습관적으로 휴대전화를 확인합니다. "휴일에 연락하면 지옥 갑니다."라는 펭수의 어록이 떠오르는 대목입니다. 우리는 외부 환경과 의도적으로 연결되지 않을 권리가 있고, 연결되지 않은 우리만의 시간이 필요합니다.

아침 6시, 이 시간에 우리를 방해하는 외부 요인이 있다면 무엇일까요? 잠에서 덜 깬 우리의 몸 상태 말고는 없습니다. 우리를 찾는 사람도 없고, 휴대전화도 울리지 않습니다. 집중하려고 마음만 먹으면 환경의 방해 없이 최고의 집중력을 끌어낼 수 있습니다. 이러한 양질의 시간이 차곡차곡 쌓이면 예상했던 것보다 훨씬 더 많은 변화를 눈으로 확인할 것입니다. 같은 일을 해도 훨씬 더 좋은 결과물을 내는 행복한 은둔의 시간을 경험할 것입니다.

새벽 기상이 일상에서 중요한 과업이 되었다는 것을 느끼는 때가 있다면 바로 시간이 아깝다는 생각이 들 때입니다. 인간의 뇌는 편한 것, 즐겁고 재미있는 것을 좋아갑니다. 뇌는 효율성을 추구하기 때문에 에너지를 가장 적게 쓰는 방향을 찾으면 고민 없이 바로 행동 지시를 내립니다. 그래서 운동하는 것보다는 누워 있는 것이 좋고, 책을 읽는 것보다는 유튜브를 보는 게 재미있습니다. 모바일 게임과 유튜브가 왜 중독성이 있을까요? 여러 장치를 통해 인위적으로 몰입을 만들어내기 때문입니다. 이처럼 우리의 성장에 방해되는 것들은 대부분 재미있고 편합니다. 나쁜 습관을 고치는 것이 어려운 이유지요.

하지만 일찍 일어나는 삶이 즐겁고 재미있고 편안하다는 것을 알면 일어나지 말라고 해도 자발적으로 일어납니다. 누군가 시키지 않아도 뇌를 즐겁게 하는 액션을 자연스럽게 취합니다. 고요하지만 즐거운 몰입의 시간을 경험하고 몸의 바이오리듬이 새벽 기상에 적응하기 시작하면 미라클 모닝이 한결 수월해집니다. 아침시간에 경험하는 운동, 독서, 글쓰기, 공부, 명상 같은 행동들이 즐거워지면 보다 능동적으로 미라클 모닝을 실천합니다. 그래서 완전히 미라클 모닝에 빠지면 아침시간 1분 1초가 아깝게 느껴집니다.

우리가 열심히 무언가에 집중해 고도의 몰입에 이르는 순간, 뇌에서는 신경전달물질 중 하나인 도파민이 분비된다고 합니다. 몰입을 통한 즐거움과 성취감을 반복적으로 맛보면 우리의 뇌는 학습을 하고, 이러한 반복된 학습의 결과물이 바로 '습관'인 것입니다. 미라클 모닝을 우리 몸 안에 습관화한다면 아침 일찍 눈 뜨는 일이 즐겁고 행복하게 느껴질 것입니다.

이상으로 미라클 모닝의 장점을 간단히 정리해봤습니다. 이 세상에서 가장 비싼 게 무엇일까요? 저는 '시간'이라고 생각합니다. 시간은 돈으로 값어치를 매길 수 없습니다. 저 같은 보통의 사람이 세상에 큰 영향력을 펼치는 사람과 쉽게 만날 수 없는 이유이기도 합니다. 그들은 시간의 가치를 너무 잘 알고 있고 불필요한 곳에 시간을 낭비하지 않기 때문입니다. 굳이 만날 필요가 없는 사람에게 자신의 시간을 쉽게 내어주지 않습니다.

미라클 모닝은 0원으로 혼자서 할 수 있는 최고의 시간관리 기법입니다. 혼자라서 어려운 점도 있지만 혼자라서 좋은 점도 많습니다. 이 단점을 극복하기 위해 새벽 기상 온라인 모임에 참여하거나 다양한 애플리케이션, 커뮤니티를 통해 동료들과 함께 미라클 모닝을 습관화할 수 있습니다. 해결하지 못할 문제는 없습니다. 우리가 다양하고 창의적인 핑계를 만들어 내며 방법을 찾지 않을 뿐이지요.

제가 나열한 것 말고도 미라클 모닝의 장점은 정말 많지만 제가 느낀 가장 큰 장점만 몇 가지 정리해봤습니다. 보다 많은 분이 알뜰하고 체계적으로 시간을 관리해 재미있고 의미 있는 일상을 만들면 좋겠습니다. 미라클 모닝으로 살아가는 모든 시간을 좀 더 생산적이고 여유롭게 보내시기 바랍니다.

나만의 아침 루틴
만들기

다른 삶을 사는 가장 쉽고 빠른 방법은
아침시간을 다르게 활용하는 것입니다.

기적(奇跡)

'기적'이란 상식으로는 생각할 수 없는 기이한 일, 신(神)에
의해 행해졌다고 믿어지는 불가사의한 현상을 의미합니다. 어
느 날 갑자기 통장에 평생 쓰고도 남을 만큼의 돈이 입금되거
나, 잠들기 전에 다이어트를 결심하고 잤는데 아침에 일어나보
니 몸무게가 10kg 감량된 상황. 우리는 이러한 일을 기적이라

부르고, 이러한 기적이 우리에게 꽤 자주 일어나길 바랍니다. 왜 그럴까요? 돈을 벌고, 살을 빼는 일련의 과정이 굉장히 고단하기 때문입니다. 많은 시간과 노력이 요구되기 때문입니다. 번거롭고 지루하고 힘든 과정인 만큼 하루아침에 저절로 뚝딱 해결되길 바라는 것이지요. 그런데 살면서 기적을 경험하는 사람이 과연 몇 명이나 될까요?

미라클 모닝. 단어에 담긴 뜻만 보면 실천만 하면 '기적'을 일으킬 것만 같은 무언가로 느껴집니다. 이른 새벽의 에너지가 우리의 삶을 180도 바꿔놓을 것만 같습니다. 그래서 많은 사람이 막연한 기대감에 일찍 일어나는 삶을 동경합니다. 성공한 사람들이 하나같이 입을 모아 일찍 일어났다고 하니 일찍 일어나서 뭐라도 열심히 하는 삶이 성공으로 가는 가장 확실한 길인 것 같고, 자꾸만 늦잠을 자는 평범한 내 모습이 부끄럽게 느껴지기도 합니다.

하지만 미라클 모닝은 평생 한두 번 만나기 힘든 기적을 일으키는 행동이 아닙니다. 시간관리, 목표관리에 더 가깝습니다. 미라클 모닝은 모두가 잠든 고요한 새벽에 홀로 깨어 자신에게 집중하며 성찰하는 시간을 갖고, 성장의 기반을 차곡차곡 쌓아가는 자기계발 방법입니다. 다만 미라클 모닝이 '기적의 아침'이라 불리는 이유는 아침시간을 인생의 터닝 포인트 삼아 주도적으로 어제와 다른 오늘, 오늘과 다른 내일을 만들 수 있기 때문입니다.

혹시 미라클 모닝의 목적이 꼭두새벽에 일어나서 엄청난 시간과 에너지를 소비하는 일이라고 오해하고 있지는 않나요? 전혀 그렇지 않습니다. 이른 아침, 삶의 목표를 명확하게 하고 열정의 불씨를 키울 수 있는 최소한의 시간만 확보한다면 상상 이상의 변화를 이끌어낼 수 있습니다.

여기서 말하는 최소한의 시간은 구체적으로 얼마만큼의 시간일까요? 세계적인 부자들의 모닝 루틴을 추적해 그 기술과 노하우를 담은 『미라클 모닝 밀리어네어』에서는 하루 6분이면 성공하는 삶을 만들 수 있다고 이야기합니다. 6분이면 충분하다니. 정말 놀랍지 않나요? 이 책의 저자는 여섯 가지 라이프 세이버(S.A.V.E.R.S)를 매일 아침 1분씩 실천하면 기분이 태도를 좌우하지 않도록 스스로를 바로 잡아주는 '부의 루틴'을 만들 수 있다고 강조합니다.

1. 침묵(Silence)

고요한 침묵의 시간을 갖습니다. 산만한 생각을 잠재우고 오늘 하루에 집중하는 시간입니다.

2. 확신의 말(Affirmation)

자신에게 긍정 에너지를 심어주는 확신의 말을 읽습니다. 어떤 사람이 되고 싶은지, 어떤 삶을 살고 싶은지, 원하는 목표를 어떻게 이뤄낼 것인지를 생각해봅니다.

3. 시각화(Visualization)

매일 아침 최고의 능력을 발휘하는 자신의 모습을 시각화하며 잠재의식을 깨우는 시간입니다. 목표를 달성하려는 동기를 유지하는 데 꼭 필요한 단계입니다.

4. 운동(Exercise)

몸과 마음을 깨우고 건강과 체력을 유지하는 데 운동은 필수입니다. 하루에 팔굽혀펴기 1개로 시작해 매일 1개씩 늘려간다고 생각해보세요. 운동이 부담스럽지 않을 거예요.

5. 독서(Reading)

하루에 1장씩만 읽어도 1년이면 365장입니다. 1년에 책한 권도 읽지 않았던 과거를 떠올려보세요. 왜 많은 사람이 자기계발을 위해 책을 읽을까요? 읽기 전과 후를 비교해보면 알수 있습니다. 삶이 달라집니다.

6. 쓰기(Scribing)

하루를 기분 좋게 시작할 수 있는 감사일기 또는 오늘 해야 할 일을 체크리스트 형식으로 간단하게 적어보세요. 세계적인 동기 부여 전문가 토니 로빈스는 "살 만한 가치가 있는 삶은 기록할 가치가 있다."라고 말했습니다.

저는 매일 아침 미라클 모닝 라이프 세이버(S.A.V.E.R.S) 중그때그때 필요한 것을 골라 선택적으로 실천하고 있습니다. 안내된 여섯 가지를 꼭 1분씩만 해야 하는 것은 아닙니다. 순서를 지킬 필요도 없습니다. 필요한 단계만 선택적으로, 시간 여유가 있다면 더 많은 시간을 투자해도 됩니다. 제시된 내용은참고용일 뿐 아침시간을 활용하는 방법은 100% 개인의 자유입니다.

미라클 모닝은 한정된 새벽시간을 자신에게 가장 필요한 활동으로 구성하는 시간설계 기법입니다. 제한된 시간을 활용하는 것은 각자의 몫입니다. 스스로 시간표를 구성해 매일 아침 해야 할 일을 완벽하게 해낸다면 오늘도 해냈다는 성취의 기쁨을 느낄 수 있습니다. 더불어 이러한 습관은 우리에게 모든 일을 주도적으로 할 수 있는 용기를 심어줍니다. 하루를 작은 성공으로 시작해 반복적으로 성취감을 느끼면 어떤 마법이 펼쳐질까요? 어제와 별다를 것 없는 오늘이 좀 더 특별해질 것입니다. 스스로가 대견스러워지고 내가 나를 보는 관점이 달라집니다.

저는 아래에 있는 생산적인 활동을 그날의 몸 상태와 일정에 따라 융통성 있게, 다양하게 활용합니다. 오늘 해야 할 일을 새벽에 미리 해버리면 바쁜 일과시간을 좀 더 여유롭게 보낼 수 있습니다.

- 마음 건강을 위한 활동: 다도, 명상, 성경 읽기, 감사일기 쓰기, 긍정 확언 쓰기 등

- 신체 건강을 위한 활동: 수영, 헬스장 가기, 러닝, 걷기, 홈 트레이닝 등
- 자기계발을 위한 활동: 독서, 글쓰기, 어학 공부, 자격증 시험 준비, 재테크 공부, 신문 읽기 등
- 일상 관리: 다이어리 쓰기, 가계부 쓰기, 아침식사 준비, SNS 관리 등
- 업무시간으로 활용: 밀린 업무 처리, 이메일 보내기, 출근 준비 등

새벽 기상을 떠올리면 자연스럽게 '루틴(Routine)'이라는 단어가 떠오릅니다. 우리가 일반적으로 생각하는 루틴은 일상 속에서 반복되는 행위들을 시간대별로 정해놓고 실행하는 것 인데요. 루틴의 정확한 의미는 '최고의 능력, 최적의 수행을 위해 반드시 지켜야만 하는 절차'입니다. 불필요한 생각이 떠오르지 않게 단단한 정신적 무장을 위해 실행하는 일종의 의식입니다.

지금은 예능인으로 활약하고 있지만 한때 농구계를 휩쓸었던 괴물센터 서장훈 선수는 시합 전에 몸을 깨끗이 씻고 방

을 깔끔하게 정리하며 스트레스와 부담감을 덜어냈다고 합니다. 이 루틴을 오랫동안 반복했더니 주변 사람들이 결벽증으로 오해하기도 했다네요. 그에게 샤워와 청소는 완벽한 경기력을 위한 일종의 의식, 루틴이었습니다. 코리안 몬스터 메이저리거 류현진 선수 역시 경기가 있는 날이면 출근하는 시간, 경기장에서 옷 갈아입는 시간, 스트레칭 시간, 몸 푸는 시간, 마사지 시간, 캐치볼 시간을 분 단위로 쪼개 순서대로 칼같이 지킨다고 합니다. 이 역시 경기에서 최상의 기량을 발휘하기 위한 의식적인 행동, 루틴이었습니다.

그래서 저도 아침 루틴을 저만의 방식으로 정리했습니다. '필수 모닝 루틴'과 '탄력 모닝 루틴', 두 가지로 구분했는데요. 필수 모닝 루틴은 환경과 조건에 상관없이 비가 오나 눈이 오나 언제 어디서든 할 수 있는 것들로 구성했습니다. 필수 모닝 루틴에서 가장 중요한 것은 순서를 꼭 지키는 것입니다. 양치할 때 칫솔에 치약을 짜고 이를 닦고 입을 헹구는 과정이 무의식의 영역에서 이뤄지듯이 필수 모닝 루틴 역시 하나의 '습관 덩어리'로 만드는 것이 매우 중요합니다. 우리의 일상은 운동 선수와는 아주 다르지만 자신만의 루틴을 지켜내면 하루 전체

모닝 루틴 예시

시간표	해야 하는 일	비고
필수 모닝 루틴 05:00~06:15	기상 인증 사진 찍고 카톡방에 올리기, 물 한 잔 마시기, 체중 체크하기, 커피 한 잔 마시기, 글쓰기 애플리케이션으로 오늘의 문장 만들기, 오늘의 문장 인스타그램에 올리기, 다이어리 쓰기	순서 지키기
탄력 모닝 루틴 06:15~07:20	마스크팩 붙이기, 독서, 글쓰기, 운동, 사색, 영상 촬영 및 편집, 신문 보기, 영어 공부 등	시간 및 몸 상태 확인
일과시간 07:20~	아침식사 준비	일상 시작

가 짜임새 있어지고 알차게 바뀔 것입니다.

탄력 모닝 루틴은 그날의 상태와 상황에 따라 실행 유무가 갈리는 것들로 구성했습니다. 어떤 날은 유난히 머리가 맑아 글이 잘 써질 때가 있고, 전날 음주나 과식으로 몸이 무거울 때도 있습니다. 밀린 업무의 양이 많아 다른 루틴을 생략한 후 좀 더 많은 시간을 확보해야 하는 날도 있고, 특별히 바쁜 일이 없어도 아무것도 하고 싶지 않은 날도 있습니다.

매일 비슷한 일상을 살아가지만 단 하루도 똑같은 날은 없습니다. 모든 것이 똑같다고 해도 감정은 매일 달라집니다. 매일 만나는 사람이 다르고, 처리해야 하는 일이 다릅니다. 특히 여성은 분비되는 호르몬의 양이 매일 조금씩 변하기 때문에 특정 기간에는 이성으로 제어하기 힘든 무기력감이 찾아오기도 합니다. 컨디션이 나쁠 때는 감정과 몸 상태를 점검한 다음 그날 가장 필요한 탄력 모닝 루틴을 실천하면 됩니다.

미라클 모닝은 굉장히 주도적이고 주체적인 '습관 만들기'입니다. 누가 시킨다고 억지로 되는 것이 아닙니다. 자신과 끊임없이 대화하면서 지금의 나에게 필요한 것들을 찾아내는 과정입니다. 모닝 루틴이 습관으로 자리 잡기 위해서는 지속적으로, 자발적으로, 꾸준히 실천해야 합니다.

한때 저는 하고 싶은 일, 도전해보고 싶은 일이 있어도 스스로 그 일을 할 수 없는 이유를 찾아 지레 포기하는 바보 같은 행동을 반복했습니다. 성장하려면 반드시 넘어야 하는 심리적 장벽 앞에서 매번 넘어졌습니다. 똑같은 지점에서 반복적으로 넘어지고 좌절하면서도 정확한 이유를 잘 몰랐습니다. 큰돈이 필요한 일도 아니었고, 체력적 한계를 극복해야 하는 일도 아니었지만 "너는 잘 안 될 거야." "사람들이 비웃을 거야." "네가 이걸 한다고 성공하겠어?" 하며 마음속에 사는 작은 악마가 속삭였고, 저는 매번 그 말에 휘둘렸습니다.

꼭 극복하고 싶었습니다. 공부도 열심히 했고, 근성도 있고, 저를 응원하고 도움을 줄 수 있는 지인도 많고, 당장 먹고 사는 문제를 해결해야 하는 열악한 상황도 아니었으니까요. 그저 앞으로 나아가지 못하게 가로막는 마음속 트라우마와 고정관념만 넘어서면 되는 일이었습니다. 저는 이 실체 없는 심상들이 왜 제 마음속에 자리 잡게 되었는지 알고 싶었습니다. 훌륭한 강의, 좋은 멘토의 힘을 빌려도 해결하지 못했던 많은 문제를 다행히 새벽 독서를 통해 풀어낼 수 있었습니다.

처음에는 미라클 모닝을 실천하는 일이 지난하고 지겹게 느껴질 수 있습니다. 하지만 미라클 모닝을 통해 매일 하루를 충실히 보낸다면 그러한 여정의 기록들이 차곡차곡 쌓이면서 몸과 마음이 성장할 것입니다. 그리고 예상치 못한 순간 마음의 벽이 무너졌다는 걸 인지하게 되고 느닷없이 한 단계 성장했다는 느낌이 듭니다. 미세한 기적들이 매일 쌓였기 때문입니다. 이 기적을 직접 경험하기도 전에 미라클 모닝을 그만두는 사람이 대부분이라 가끔은 안타까운 마음이 들기도 합니다.

예를 들어 해외여행을 가야 해서 다음 날 일찍 일어나야한다고 가정해봅시다. 새벽에 공항으로 출발해야 한다면 전날에 쓸데없는 일은 모조리 생략하고 일찍 잠자리에 들 것입니다. 그리고 아침 일찍 눈을 떠도 피곤하지 않고 기쁘고 즐거운마음뿐일 것입니다.

매일을 여행 전날처럼 설레고 흥분된 마음으로 살 수는 없겠지만 오늘과 다른 내일을, 알차고 기쁜 새로운 하루를 살고싶다는 마음 하나면 충분합니다. 어제와 크게 달라진 게 없더라도 마음이 달라져서 모든 것이 새롭고 신기하게 느껴지는기적, 이게 바로 미라클 모닝의 힘입니다.

우리는 좀 더 나은 삶을 원합니다. 스스로 변화하고 싶어합니다. 그렇다면 지금까지 함께해온 나쁜 습관과는 완벽하게이별해야 합니다. 내 안의 작은 악마와 타협하는 일이 반복되면 그것이 바로 나쁜 습관입니다. 무의식에 스며든 나쁜 습관은 성장과 변화를 방해합니다. 지금이라도 우리는 시간을 귀하게 써야 합니다. 시간을 쓰는 방식이 굳어지는 것이 곧 습관의 시작이고, 습관은 한 사람의 인생을 결정하는 중요한 열쇠입니다.

 다른 삶을 살고 싶다면 어제와 다른 오늘을 살아보세요. 다른 삶을 사는 가장 쉽고 빠른 방법은 아침시간을 다르게 활용하는 것입니다. 일찍 일어나는 것은 마음만 먹으면 누구나 다 할 수 있는 일입니다.

미라클 모닝에 대한
오해와 진실

우리가 미라클 모닝에 대해 어설프게 알고 있던 것들이
정말 정확한 정보일까요?

인생을 살다 보면 자연스럽게 무언가를 인생의 정답이라 착각
하고 맹신하곤 합니다. 한 번도 명확하게 검증된 적은 없지만
늘 비슷한 것을 듣고 보고 겪다 보면 익숙해져서 잘 알고 있다
고 착각하며 평생을 살아가기도 합니다. 이 중 가장 흔한 착각
이 바로 자기 자신에 대한 문제입니다. 매일 '나'로 살다 보니
자기 자신에 대해 당연히 잘 안다고 생각합니다. 우리에게 '나'
라는 사람은 너무 친숙하고 익숙한 존재이기 때문입니다.

하지만 하루를, 더 나아가 인생을 성공적으로 경영하기 위해서는 자신이 무엇을 알고 모르는지를 명확하게 파악해야 합니다. 세상에 떠돌아다니는 근거 없는 정보와 검증되지 않은 이론이 왜 잘못된 것인지를, 왜 비판적인 시야로 검증해야 하는지를 정확히 인지하고 경계해야 합니다. 사람들은 흔히 남들이 다 맞다고 하는 것을 틀렸다고 말하는 사람을 세상의 이치를 거스르는 사람이라고, 이상하고 특이한 사람이라고 지적하곤 합니다. 하지만 100명의 사람이 있으면 100개의 삶이 있듯이 누가 잘 살고 있는지, 누구의 인생이 정답에 가까운지는 쉽게 판단할 수 없는 문제입니다. 이런 걸 따지는 것조차 무의미하고요.

'메타인지(Metacognition)'라는 말을 들어봤을 겁니다. 메타인지란 내가 아는 것이 무엇이고, 내가 모르는 것이 무엇인지를 파악하게 도와주는 '생각 위의 생각'입니다. 그렇다면 다시 한번 고민해봅시다. 우리가 미라클 모닝에 대해 어설프게 알고 있던 것들이 정말 정확한 정보일까요? 이제부터 미라클 모닝에 대한 오해와 진실에 관해 이야기해보겠습니다.

1. 변명과 착각

우리 주변엔 드물지만 무언가를 지속적으로 오랫동안 실행하며 원하는 것을 결국 해내고야 마는 사람들이 있습니다. 우리는 그런 사람들을 부러운 눈으로 바라보며 '저 사람의 강한 의지력과 성실한 태도는 타고난 유전자 때문일 거야. 나는 태생적으로 의지가 약한 사람이고 그런 유전자 따위는 없어.'라고 생각합니다. 그런데 정말 유전자의 차이 때문일까요? 타고 나기를 다르게 태어나서 나는 못 하지만 그들은 해내는 걸까요?

의지는 선천적으로 결정되는 무엇인가가 아닙니다. '의지(意志)'란 단순한 자연적 요구에 입각한 자발적 행동이 아닌, 의도에 입각해 자기 결정을 내리는 목적 추구 행동을 일으키는 작용을 뜻합니다. 태어날 때부터 공부 안 하는 사람, 태어날 때부터 과식하는 사람, 태어날 때부터 늦잠 자는 사람, 태어날 때부터 운동을 싫어하는 사람, 태어날 때부터 책 읽는 게 지겨운 사람이란 없어요. 스스로 자신을 이런 사람이라 규정하고 그렇게 살아가는 것뿐입니다.

어떤 이유로 이런 한계를 설정하는 걸까요? 하면 좋지만 하지 않아도 살아가는 데 큰 지장이 없기 때문입니다. 좋은 습관을 만들고 유지하는 것은 꽤 긴 시간과 노력이 필요한 일입니다. 피곤하고 귀찮다 보니 스스로 한계를 만들어 자신의 게으름을 합리화하는 것입니다.

재능으로 살아가는 사람은 거의 없습니다. 대부분 자신을 스스로 통제하고 관리하며 노력으로 살아갑니다. 자신을 할 수 없는 사람이라 규정하지 마세요. 원래 그런 사람이 아닙니다. 생각만 바꾸면 당장 내일부터 달라질 수 있는 유일한 존재가 바로 사람이니까요.

2. 새벽 5시의 덫

국내에서 미라클 모닝으로 유명한 김유진 변호사는 매일 하루를 새벽 4시 30분에 시작한다고 합니다. 매일 아침 7시에 일어나는 것조차 버거운데 새벽 4시 30분이라니. 정말 대단한 자기관리의 달인입니다. 일찍 일어나는 목적과 인생의 목표는 사람마다 다르니 기상시간이 딱 정해진 건 아니지만, 보통 미라클 모닝을 다루는 책을 보면 가장 자주 등장하는 시간이 새벽 5시입니다. 매일 새벽 5시에 일어나는 삶을 상상해보세요.

어떤가요? 설레시나요? 어쩌다 아침 6시 50분에 눈이 떠지면 '7시까지 10분은 더 잘 수 있겠다. 다행이야.'라고 생각하는 것이 평범한 우리네 생각 아닌가요?

물론 모든 사람의 일상이 '9 to 6'인 것은 아닙니다. 출근시간이 일러 새벽 5시에 기상하는 사람도 있을 수 있고, 밤 9시에 출근해 새벽 5시에 업무가 끝나는 사람도 생각보다 많습니다. 미라클 모닝의 기준점은 '새벽 5시'가 아니라 평소 일어나는 기상시간입니다. 하루의 일과가 끝난 후에 휴식을 빙자해 낭비하는 시간을 일과가 시작되기 전의 시간으로 전환하는 것뿐입니다. 그래서 평소 기상시간이 아침 8시라면 오전 6~7시로, 저녁 8시라면 오후 6~7시로 기상시간을 바꾸기만 해도 충분합니다.

삶의 목표와 목적이 천차만별이기 때문에 개인별로 기상시간 역시 다 다릅니다. 자신에게 필요한 시간만큼만 기상시간을 좀 더 앞당기면 됩니다. 새벽 5시는 법적으로 정해진 미라클 모닝 시간이 아닙니다. 평소 기상시간이 아침 9시인데 갑자기 5시로 바꾼다면 당연히 중도에 포기할 확률이 높아집니다. 새벽 5시의 덫에 걸리지 마세요.

3. 365일의 함정

인간은 아주 오래전부터 사회적 관계를 맺으며 무리를 지어 살아왔습니다. 혼자 살아가는 것보다 살아남기 유리했고, 집단 내에서 다양한 사회적 역할을 경험함으로써 정체성을 형성하거나 삶의 의미를 발견하기 수월했기 때문입니다. 나이를 먹을수록 관계를 맺는 사람들의 범주도 더 다양해지는데요. 우리는 때때로 밤새 함께 놀 친구가 필요하고, 사랑을 주고받을 가족이 필요하고, 고민을 함께 나눌 직장동료가 필요합니다. 함께 술을 마시고, 여행을 가고, 운동을 갈 사람이 필요합니다. 특별히 억지로 인맥을 넓히려 노력하지 않아도 초중고, 대학교, 대학원, 회사, 동호회, 지역 사회 등에서 수많은 사람과 만납니다. 짧게 관계를 맺고 스쳐지나가는 사람의 수만 합쳐도 정확하게 헤아리기 어려울 정도로 많습니다.

매일 다양한 관계를 맺고 형성하다 보니 1년 365일을 똑같이 보내기란 애초에 불가능에 가깝습니다. 생애주기별로 필요한 교육을 받고, 그 안에서 친구를 만나고 다양한 관계를 맺다 보면 하루를 온전히 내 의지대로 보낼 수 없는 날이 더 많습니다. 학교를 떠나 취업한 뒤에도 마찬가지입니다. 회식 때문에 술을 마시면 숙취가 생기기도 하고, 몸이 아프면 약을 먹고 평소보다 더 많은 잠을 자야 합니다. 그런 날 과연 미라클 모닝을 빼먹지 않고 실천할 수 있을까요? 1년 365일 변수 없이 하루도 흐트러짐 없이 로봇처럼 완벽하게 살 수 있을까요? 미라클 모닝은 사람으로서 자신의 한계를 먼저 인정한 다음에야 비로소 실천 가능한 자기계발입니다.

작심삼일을 반복하는 분들은 보통 365일 하루도 거르지 않고 실천해야 미라클 모닝에 성공했다고 생각합니다. 100% 달성이 목표이기 때문에 10일 잘하다 11일째 실패하면 완벽하지 못했다며 자책하고 멈춰버립니다. 특별한 일이 없으면 내일을 위해 최상의 몸 상태를 유지하는 게 맞지만 불가피한 상황도 있기 마련입니다. 다음 날을 생각해서 몸 관리에 애쓰거나, 무리한 음주를 자제하기 위해 노력하는 것만으로도 반은 성공이라 생각합니다.

미라클 모닝은 자신에게 하는 약속입니다. 일상의 변화(출장, 여행, 회식, 경조사 등)가 생기면 그것에 맞게 적절하게 기상시간을 조절하면 됩니다. 물론 아무도 통제하는 사람은 없으니 기상시간에 너무 많은 변수를 허락해서는 안 됩니다. 여유와 게으름을 구분할 줄 아는 현명함은 필요하겠지요. 좋은 습관을 만들 때 가장 중요한 것은 나름의 규칙을 세우되 그 안에서 융통성을 발휘해 자신에게 가장 효과적인 방법으로 노력하는 것입니다.

잠깐 멈추고 휴식하는 것을 '실패'라고 여기는 분들이 생각보다 많습니다. 의욕에 가득 차 쉬는 것을 죄악이라 여기며 잠깐이라도 비는 시간이 생기면 용납하지 못합니다. 하지만 우리 인간은 날마다 똑같은 에너지로, 흔들리지 않는 마음으로 살 수 없고 쉼과 휴식이 필요한 존재입니다. 성공과 실패는 잠시 쉬더라도 다시 시작하는 용기, 부지런함, 의지에 달려 있습니다.

4. 수면시간

연말 혹은 연초에 '삶을 바꿔보자! 올해는 목표를 꼭 이뤄보자!' 하고 미라클 모닝을 시작하는 분들이 꽤 많습니다. 미라클 모닝을 처음 시작하는 경우 가장 흔하게 범하는 실수는 수면시간을 줄이는 것입니다. 평소 8시간 자던 사람이 수면시간을 1시간 줄여 7시간을 잔다 한들 건강에는 큰 문제가 없으니까요. 일상의 패턴은 그대로 유지한 채 기상시간만 앞당기는 루틴은 보통 일주일 정도 무난하게 지나갑니다.

하지만 우리 몸은 수십 년간 다져진 수면 패턴이 있고, 각자에게 필요한 최소한의 수면시간이 있습니다. 1시간이라 해서 사소해 보일 수 있지만 무리하게 수면시간을 줄이면 점점 피곤이 누적됩니다. 체력이 받쳐주지 않으니 어느 순간 삶을 변화시키려는 의지 또한 점점 약해집니다. 만사가 귀찮아지기 시작하면서 자주 욕망과 타협하고, 그렇게 결국 시작은 있었으나 결과는 없는 도전이 되어버립니다.

무리하게 수면시간을 줄인 잘못된 방식으로 미라클 모닝을 실천하는 사람들이 입버릇처럼 달고 다니는 말이 있습니다. 바로 "피곤해."입니다. 피곤이 누적되면 미라클 모닝을 장기적으로 실천할 수 없습니다. 금방 작심삼일의 늪에 빠져 아무런 성과 없이 체력과 시간만 낭비할 것입니다.

시간을 다르게 사용한다는 것은 테트리스 블록을 쌓는 일과 비슷합니다. 무작위로 나오는 블록은 우리가 매일 경험하는 예상치 못한 변수들입니다. 24시간이라는 타임테이블 위에 블록을 어디에 어떤 모양으로 쌓아야 할지는 순간적인 판단으로 결정됩니다. 차곡차곡 잘 쌓으면 임무 완료, 그렇지 않으면 게임은 종료됩니다. 주어진 시간을 어떤 일에 얼마만큼 할애할지는 내가 결정합니다.

그런데 게임과는 분명히 다른 점이 있습니다. 게임에서는 실패를 눈으로 직접 확인할 수 있고, 반복적으로 하다 보면 노하우를 학습할 수 있고, 나름의 기술도 터득할 수 있습니다. 하지만 현실에서는 낭비되는 시간을 눈으로 확인할 수 없고, 눈으로 확인이 안 되니 매일 비슷한 패턴을 반복하며 원점으로 돌아가는 경우가 많습니다.

전 세계 모든 종을 통틀어 유일하게 인간만이 자신의 수면시간을 줄이려고 애씁니다. 어떤 동물도 자신의 겨울잠을 줄이지 않아요. 제가 소개하는 미라클 모닝의 메커니즘은 기존에 유지했던 수면시간만큼 자면서 낭비하는 자유시간을 아침으로 앞당기는 것입니다. 수면시간을 줄이는 것이 아니라 확보하고 싶은 시간만큼 좀 더 일찍 자거나, 수면시간을 줄이더라도 버텨낼 수 있는 체력을 키우는 것이 핵심입니다.

하루를 잘 설계하면 나에게 꼭 필요한 행동을 습관으로 만드는 데 필요한 시간을 확보할 수 있습니다. 자기계발을 한다고 잠자는 시간을 포기하지 마세요. 쓸데없이 버려지고 있는 시간만 잘 주워 담아도 충분합니다. 숙면은 목표까지 더 빠르고 효율적으로 도달할 수 있게 돕는 에너지원이니까요.

5. 시선 의식

미라클 모닝 오픈채팅방을 통해 사람들에게 새벽기상을 시작한 계기에 대해 물었더니 공통된 키워드가 몇 가지 있었습니다. 주요 키워드는 할 엘로드의 책 『미라클 모닝』, 새로운 꿈, 성공, 행복, 건강, 추가소득 창출이었습니다. 미라클 모닝 초기에는 다들 과거의 나를 뛰어넘어 자신을 변화시키겠다는 열망으로 가득합니다. 누가 시켜서 책을 읽은 것도 아니고, 타인을 위해 시간관리를 새롭게 하는 것도 아닙니다. 100% 본인의 의지와 열정이 동력입니다.

그런데 오픈채팅방에 합류하는 분들의 패턴을 쭉 살펴보면, 대개 3~4일 정도는 잘 일어나다가 5일째 정도에 어쩌다 하루 늦잠을 자면 도전을 아예 포기하는 경우가 많습니다. 일면식도 없는 오픈채팅방 구성원들의 시선을 의식해서인지 두려움과 부끄러움, 민망함을 느끼며 슬며시 퇴장 버튼을 누르고 오픈채팅방을 나갑니다. 자신을 실패자로 규정 지었을 것 같은 두려움, 늦게 일어났다는 부끄러움, 자신의 게으름에 대한 민망함 때문일까요? 새벽 기상에 실패했음에도 성공한 것처럼 거짓 인증을 하기도 합니다. 어떤 임무나 페널티도 없는 100% 자발적인 오픈채팅방에서 행위를 위한 행위를 합니다. 꾸준하게 새벽 기상을 해내고 있는 사람처럼 보이고 싶기 때문입니다.

잘 생각해보셨으면 좋겠습니다. 그 누구도 미라클 모닝을 강요하지 않았습니다. 그런데 마치 누가 시킨 것처럼, 억지로 하는 것처럼 행동하는 경우가 많습니다. 새벽 기상은 내가 열심히 잘살고 있다고 타인에게 보여주고 싶어서 시작한 액션이 아닌, 어제와 다른 오늘을 살기 위해 시작한 스스로와의 약속입니다.

자신만의 페이스로 새벽 기상을 실천하며 체계적으로 시간을 관리하는 사람은 확보한 아침시간을 알차게 사용하는 데 목적이 있기 때문에 다른 사람의 시선을 크게 신경 쓰지 않습니다. 미라클 모닝은 자기 자신과의 싸움입니다. 굳이 다른 사람의 시선을 신경 쓸 필요가 없다는 말입니다. 새벽 기상에 실패했다면 두려움과 부끄러움, 민망함을 원동력 삼아 그다음 날 다시 도전하면 됩니다.

습관 만들기를 혼자 하는 게 버겁고 자꾸 예전 습관으로 돌아가는 일이 반복된다면 새벽 기상을 도와주는 코치나 서비스, 커뮤니티 프로그램을 이용하는 것도 좋습니다. 물론 일정 기간 유료 서비스를 이용해 새벽 기상을 물 마시는 습관처럼 무의식의 영역으로 끌어온다 하더라도, 인간은 끊임없이 변화하는 존재입니다. 만들어진 습관이 평생 유지된다고 100% 장담할 수 없습니다. 들이는 비용과 무관하게 습관 만들기는 철저히 개인의 영역이기 때문입니다. 그래서 긍정적인 사고가 꼭 필요합니다. 어제의 실패는 과거의 일이고 오늘 다시 새롭게 시작해보자고 다짐하는 회복 탄력성이 매우 중요합니다.

엄밀히 따지면 습관 만들기의 영역에서 실패와 성공은 없습니다. 내가 남에게 별 관심이 없듯이 남들도 나에게 별 관심이 없습니다. 내가 나에게 집중하면서 몸과 마음의 상태를 잘 살펴보는 것. 그것이 새벽 기상을 일상으로 만드는 핵심이자 성공의 지름길입니다.

6. 정석의 함정

미라클 모닝, 새벽 기상과 관련된 책을 보면 작가들은 대개 자신이 직접 경험한 방법을 독자에게 추천합니다. 그런데 이 방법은 저자에게 유용한 방법이지 나에게 유용한 방법은 아닐 수 있습니다. 미라클 모닝을 실천하는 목적도, 건강 상태도, 주변 환경도 다르기 때문입니다. 물론 초기에는 책의 내용을 그대로 따라 하며 감을 잡는 것이 좋습니다. 하지만 책에 제시된 내용을 맹신해서는 안 됩니다.

『책대로 해 봤습니다』의 저자 졸렌타 그린버그는 할 엘로드의 『미라클 모닝』에 깊은 감명을 받아 새벽 기상을 실천합니다. 하지만 그녀는 평소보다 일찍 일어나는 생활 주기가 머리를 더 멍하게 만들고 시시때때로 졸음이 쏟아졌다고 해요. 비록 일주일간의 짧은 실천이었지만 기상시간을 앞당기지 않아도 자신은 이미 많은 일을 생산적으로 해내고 있고, 자신에게 더 효율적인 시간관리 방법은 따로 있다는 결론을 내립니다. 책을 통해 정보를 얻고 간접경험을 늘리는 것은 좋지만 거기에 매몰될 필요는 없다는 점을 알려주는 좋은 사례입니다.

누구에게나 하루에 1~2시간쯤은 최고의 집중력을 발휘할 수 있는 골든타임이 있고, 그러한 시간은 사람마다 다 다릅니다. 『미라클 모닝』의 할 엘로드나 저처럼 그 시간이 이른 새벽인 사람도 있고, 오후나 밤인 사람도 있습니다. 책에 있는 내용을 그대로 실천하지 않았다고 해서 나쁜 습관인 것은 아닙니다. 다른 사람의 방식이 자신에게 맞지 않다고 심리적 부담감을 느낄 필요는 전혀 없어요.

미라클 모닝은 자신에게 필요하고, 자신에게 가장 적합한 리듬을 찾아가는 즐거운 시간관리 방법 중 하나일 뿐입니다. 수많은 대안 중 자신에게 가장 잘 맞는 적합한 방법을 찾아 선택적으로 실천하는 것이 현명한 방법입니다.

7. 일반화의 오류

흔히 '아침형 인간'이라고 하면 이른 밤 잠에 들어 아침 일찍 일어나는 사람을 말하는데요. 새벽에 일찍 일어나 활동하는 쪽을 선호하고 아침시간에 몸과 마음의 상태가 가장 좋은 유형이 바로 아침형 인간입니다. 아침형 인간이 있으면 그 반대인 저녁형 인간도 있겠지요? 늦게 잠드는 것을 선호하고 그다음 날 아침 늦게 혹은 오후에 일어나는 유형을 저녁형 인간이라 합니다. 주로 예술계에 종사하는 분들이 이 유형에 속한다고 하는데요. 바이오리듬상 최고점과 최저점을 찍는 시간은 사람마다 정말 신기할 정도로 다양하니 정답이란 없습니다.

세계적인 신경과학자이자 수면 전문가 매슈 워커는 『우리는 왜 잠을 자야 할까』를 통해 전 세계 인구 중 아침형 인간은 약 40%, 저녁형 인간은 약 30%, 아침형 인간과 저녁형 인간 사이 어딘가에 속하는 사람이 나머지 약 30%라고 이야기합니다. 대부분은 약간 저녁형 인간 쪽으로 치우쳐져 있으며, 유전의 영향이 아침형 인간과 저녁형 인간을 결정한다고 말합니다.

이처럼 사람의 수면 주기가 제각각인 이유는 무엇일까요? 여러 가지 설이 있지만 생존을 위해서라는 설이 유력합니다. 잠을 자면 감각기관의 대부분이 정지되기 때문에 만약 같은 종의 수면 주기가 칼같이 똑같다면 적에게 무방비 상태로 노출되는 시간이 길어질 것입니다. 그래서 누군가 잘 때 다른 누군가는 깨어 있어야 합니다. 무리 중 누군가는 적의 공격을 감지해내는 보초의 역할을 해야 무사히 생존할 수 있으니까요.

그런데 주변을 살펴보면 노력 없이 일찍 일어나는 사람은 참 보기 드뭅니다. 매슈 워커의 주장에 따르면 주변인 중 최소

40%는 일찍 일어나야 하는데, 주변 사람들 대부분 출근시간에 맞춰 겨우 잠에서 깨곤 합니다. 그래서 누군가 일찍 일어나는 습관이 있다고 하면 다들 신기해하며 새로운 생명체를 바라보듯 합니다. 팀이 20명이라면 일찍 일어나는 사람은 2명도 채 안 되는 것 같습니다. 그럼 일찍 일어나는 사람들, 인구의 약 40%를 차지하는 아침형 인간은 도대체 어딜 가야 만날 수 있을까요?

프로의 세계에는 그들만의 리그라는 게 있습니다. 아침형 인간 역시 그들만의 리그가 있습니다. 제가 미라클 모닝을 시작한 2019년, 오프라인으로 운영되는 새벽 조찬모임은 검색으로도 찾기 어려웠고 지인의 소개나 추천 없이는 가입할 수도 없었습니다. 조찬모임의 회원은 회사를 경영하는 CEO가 대부분이었고, 직업과 소득에 대한 자격 조건도 굉장히 까다롭고 비용도 비싸 쉽게 접근하기 어려웠습니다. 미라클 모닝 온라인 모임 역시 대부분 소규모였습니다. 시간관리 애플리케이션 또한 쓰는 사람만 쓰는 분위기였지요.

모임의 리더들에게 물어보니 새벽 기상이라는 습관 자체가 보통 사람은 만들기 어려운 습관이기도 하고, 굳이 필요하

지 않다고 생각하는 경우가 많기 때문에 온·오프라인에 광범
위하게 홍보하며 모임의 규모를 의도적으로 키울 필요가 없다
고 합니다. 아침형 인간에 속하는 사람들끼리 말 그대로 '끼리
끼리' 모여 인맥을 쌓고 정보를 나누며 교류를 이어왔던 것입
니다.

저도 지인의 소개를 받아 둘째를 출산한 지 얼마 되지 않
았을 때 오프라인 조찬모임에 참석한 경험이 있습니다. 매주
금요일 오전 5시, 영등포에 있는 모 호텔에서 열리는 모임이었
는데요. 첫 모임 때의 기억이 아주 생생합니다. 40명 정도 되는
젊은 경영자들이 말끔한 정장 차림으로 모여 있었습니다. 심지
어 저보다 나이가 어린 미혼의 젊은 사업가도 있었습니다.

회사에 다닐 때 중년에 접어든 부사장급 이상의 간부가
법인 지원으로 입회비를 내며 조찬모임에 나가는 모습은 많
이 봤지만, 젊은 경영인들이 자비를 들여 자발적으로 참여하
는 조찬모임은 생전 처음이었습니다. 저는 문화적 충격을 받
았습니다. 이들은 이미 수년 전부터 아침시간을 활용해 서로
고급 정보를 교환하며 끈끈한 관계를 유지하고 있었던 것입
니다. 시간을 효율적으로 활용하는 사람들이 모인 그들만의 리

그였습니다.

온라인 커뮤니티 역시 마찬가지입니다. 국내 최대 규모의 미라클 모닝 커뮤니티 김미경의 '굿쩍월드'는 아침 5시 유튜브 라이브 동시 접속자 수만 5천~8천 명에 달합니다. 자기계발에 관심이 많고, 시간 부자로 살고 싶은 사람은 여기에 다 모여 있습니다. 그들은 지역별 단톡방에서 활동하며 서로의 일상을 공유하고, 콘텐츠를 나누고, 퍼스널 브랜딩을 강화합니다.

주변에 일찍 일어나는 사람이 없어서 외로우신가요? 새벽 기상과 시간관리에 열정적인 사람들은 생각보다 우리 주변에 많이 있습니다. 그들이 굳이 "나 새벽 기상한다!"라고 말하지 않는 이유는 일찍 일어나는 생활 방식에 관심이 없는 사람들에게 자신의 생각을 강요하고 싶지 않기 때문입니다. 조금만 관심을 기울이면 미라클 모닝을 실천하는 사람들을 쉽게 찾아낼 수 있습니다. 인생이라는 마라톤에서 우리보다 앞서 달리는 사람은 항상 존재하기 마련이니까요.

미라클 모닝을
방해하는 변수들

여러 가지 변수로 미라클 모닝을 할 수 없다고 해서
속상해할 필요는 없습니다.

미라클 모닝을 실천해보면 새벽 기상을 방해하는 변수가 생각
보다 꽤 많습니다. 하나씩 알아보겠습니다.

1. 사라지는 의지력

우리는 자기 자신을 잘 통제하고 있다고, 그럴 능력이 충
분하다고 스스로를 과대평가하는 경향이 있습니다. 마치 자신
의 의지력은 무한대이고, 내가 하겠다고 마음만 먹으면 못 할

일이 없다는 듯이 무언가에 도전합니다. 변수는 유혹에 쉽게 흔들리는 인간 본연의 본성입니다. 물론 유혹을 이겨낼 때도 있기는 합니다. 문제는 유혹에 흔들리는 날이 유혹을 이겨내는 날보다 훨씬 많다는 것입니다. 단기전에서 가끔 승리해봐야 삶은 크게 변하지 않습니다. 인간의 의지력에는 개인차가 존재하고 감정과 주변 환경에 쉽게 흔들리며 한계가 있다는 사실부터 받아들여야 합니다.

부자가 되기 위해서는 돈을 버는 능력도 중요하지만 소비 충동을 똑똑하게 관리하는 능력도 중요합니다. 자기계발도 재테크와 다르지 않습니다. 새벽 기상을 물 마시듯 자연스러운 일상의 습관으로 만들기 위해서는 성공의 열쇠인 '의지력'부터 정확히 이해할 필요가 있습니다.

아주 흔한, 여러분도 경험해봤을 법한 이야기를 하나 해보겠습니다. 저는 승진이나 높은 시험 점수와 같은 목표 없이 그냥 막연히 영어회화를 잘했으면 좋겠다는 생각으로 150만 원을 들여 어학원 수강료로 쓴 적이 있습니다. 결코 적은 돈은 아니지요. 그 후 3개월이 지났고, 큰 손해를 감수하며 환급을 결심합니다. 영어회화를 정복하고야 말겠다는 불타는 열정은 시간이 지나면서 점차 사그라졌고, 영어 공부를 방해하는 여러 가지 변수(회식, 육아, 몸 상태 등)를 핑계 삼아 허무하게 도전을 포기해버린 것입니다.

비슷한 사례는 주변에 수도 없이 많습니다. 굳은 결심으로 비싼 헬스장 회원권을 끊어놓고 기간이 만료되기 전까지 몇 번 이용하지 않거나, 우연히 홈쇼핑 방송을 보다 구매한 값비싼 러닝머신을 빨래건조대 대신 사용하거나, 한 달간 한약을 먹어야 하니 금주를 다짐했다가 친구의 전화 한 통에 "내일부터!"를 외치기도 합니다.

이처럼 의지력은 없어졌다 생기기를 반복합니다. 사람이라면 누구나 경험하는 자연스러운 현상이며 지극히 정상적인 일입니다. 그래서 우리는 사그라지는 열정과 의지력을 다시 끌어올리기 위한 연료를 꾸준히 넣어줘야 합니다. 그 연료는 돈이나 쇼핑과 같은 금전적인 보상이 될 수도 있고, 만족감과 성취감과 같은 심리적인 보상이 될 수도 있습니다. 두 가지 보상이 적절하게 섞여 있고 금액과 만족감이 크면 클수록 효과는 좋습니다. 저의 경우 금전적인 보상보다는 포기하지 않았다는 심리적인 만족감이 효과가 더 좋았습니다.

요즈음 저는 사그라지는 의지력을 붙잡아두기 위해 성장 욕구를 자극할 만한 문구를 메모해 잘 보이는 곳에 붙여두고 매일 읽고 있습니다.

"잠자는 동안에도 돈이 들어오는 방법을 찾아내지 못한다면, 당신은 죽을 때까지 일해야 할 것입니다."

제 의지를 다시 활활 불타게 하는 오마하의 현인 워런 버핏의 명언입니다. 단군 이래 가장 풍족한 삶을 살아가고 있지만 늘어난 노후만큼 사회 구조적인 문제 때문에 자녀의 진로와 취업, 결혼과 독립 시기도 늦어지고 있습니다. 좋은 일자리를 찾는 일은 갈수록 어려워지고 있고, 자녀를 지원해야 하는 기간 역시 과거보다 많이 늘어났습니다.

저의 경우 지금이야 젊고 건강하니 경제활동을 하는 데 큰 어려움이 없지만 10년이 지나 50대가 되면 어떨까요? 나이가 들수록 일자리를 구하기 힘들어지고 소득 절벽 구간이 반드시 올 것입니다. 그래서 나이와 상관없이 꾸준히 할 수 있는 내일, 누군가에게 고용되지 않아도 스스로를 책임질 수 있는 소득을 창출해야 한다는 생각에 더욱 열심히 미라클 모닝을 실천하고 있습니다.

그런데 저도 사람인지라 시간이 흐르면 언제 그랬냐는 듯이 노후 걱정이 먼 나라 남의 일처럼 느껴지기도 합니다. '적당히 타협하며 편하게 살아도 괜찮겠지?' 하고 합리화하는 자신을 봅니다. 그럴 때마다 성장 욕구를 자극하는 메시지를 가슴에 되새기며 다시 책을 펴고, 원고를 쓰고, 실행 계획을 세웁니다.

우리는 많은 것을 돈으로 해결할 수 있는 자본주의 시대에 살고 있고, 필요한 만큼 돈이 있다면 당연히 삶의 질은 훨씬 높아질 것입니다. 이제 '부'는 있으면 좋고 없으면 괜찮은 것이 아닌 생존을 위한 필수불가결한 존재입니다. 저는 의지력의 불씨를 키우기 위해 성장 욕구를 자극하는 문장을 책상 앞에, 네이버 메모에, 에버노트에 모아두고 반복적으로 읽으며 매일 한 걸음씩 앞으로 정진하려 노력하고 있습니다.

의지력은 감정과 같습니다. 1시간 전까지는 열정 가득했는데 친구의 서운한 말 한마디에 금세 사라져버리기도 하는 아주 하찮은 것이기도 합니다. 사랑에 빠지면 비가 오는 날조차 마냥 행복한 반면, 상사에게 호되게 깨진 날에 비가 내리면 우울해지고 친구와의 술자리가 절실해집니다. 지금도 우리는 매 순간 셀 수 없이 많은 것에 영향을 받고 있으며, 누구도 이런 환경 변수를 완벽하게 피하거나 통제할 수는 없습니다.

결혼할 때면 신랑과 신부는 서로를 바라보며 검은 머리가 흰 파뿌리가 될 때까지 한결같이 당신만을 사랑하겠노라 맹세합니다. 그런데 세상에서 제일 어려운 일이 바로 한결같음을 유지하는 것 아니겠어요? 그 어려운 일을 수많은 하객 앞에서 맹세하는 자리이기 때문에 결혼식이 숭고한 것이겠지요. 의지력은 자고 일어나면 그냥 생기는 것이 아닙니다. 반드시 관리되어야 하고, 관리하는 법을 배워야 합니다.

2. 회식과 음주

저의 스트레스 해소법은 좋은 사람들과 맛있는 음식을 함께 먹는 것입니다. 음식에는 당연히 약간의 음주도 포함되어 있습니다. 제 인스타그램 스토리를 꾸준히 보시는 분들은 아마 아실 겁니다. 제가 애주가라는 사실을요. 한 달에 한두 번 정도는 동네 이웃이나 어릴 적 친구들, 사회에서 만난 좋은 친구들과 소소한 술자리를 갖습니다. 가끔은 집에서 혼술도 하고요.

코로나19 때문에 모임의 풍경도 예전 같지는 않지만 일과가 끝난 후 마시는 시원한 맥주 한 잔은 삶의 활력소가 됩니다. 문제는 사교시간이 새벽 별을 보며 끝나게 되면 그다음 날 기상 시간에 악영향을 준다는 것입니다.

새벽 기상을 습관으로 유지하려면 매번 음주를 절제하고 맥주 한두 잔만 마셔야 하는 걸까요? 건강을 위해 적절하게 술을 조절하는 것이 좋다는 것을 모르는 사람은 없습니다만 살다 보면 조절하기 힘든 날도 종종 생깁니다. 새벽 3~4시까지 열심히 달린 날에도 미라클 모닝을 위해 2~3시간만 자고 아침 6시에 일어나야 할까요? 못 일어나면 자신을 자책하고 절망감에 빠져야 할까요?

재미있게 잘 노는 것도 삶의 일부입니다. 무리하면서까지 일찍 일어나야 한다는 강박은 오히려 스트레스 지수만 높일 뿐입니다. 이럴 때는 쿨하게 그다음 날은 푹 쉬는 날로 정해도 괜찮습니다. 즉흥적인 모임이 아니라 미리 계획된 약속이라면 일정표에 노는 날, 휴식하는 날이라고 정해놓으면 됩니다.

물론 경계해야 할 것이 있습니다. 계획에 없는 만남과 유흥이 자주 반복되지 않아야 합니다. 흥에 취해 "내일 미라클 모닝도 패스다!" 하고 외치는 순간, 우리의 뇌는 그 틈새를 절대 놓치지 않습니다. 이런 일이 반복적으로 일어나면 그간 만들어 놓은 기상 습관은 빠르게 무너질 것입니다. 미라클 모닝을 하지 않아야 할 다른 핑계를 무의식적으로 찾기 시작합니다.

회식과 음주를 미리 계획하고 쉬어가는 시간도 미라클 모닝 일정에 추가하세요. 미리 하루이틀 정도 부담 없이 쉬는 날로 정해두면 미라클 모닝을 건너뛰었다는 민망함과 자책감은 사라질 것입니다. 휴식조차 미리 계획하는 사람이 되면 술자리 때문에 일상의 루틴을 깨는 사람이 아닌, 체계적으로 일상을 설계하는 사람이 됩니다.

3. 여행, 출장, 외박

365일 하루도 빠짐없이 집에서 자고 일어난다면 새벽 기상을 습관으로 만드는 것은 그리 어려운 일이 아니겠지요. 하지만 잠자리가 바뀌는 일도 살면서 꽤 자주 생깁니다. 친구와 연인 혹은 가족과 여행을 떠나기도 하고 명절에 고향을 방문하기도 합니다. 하는 일에 따라 출장이 잦은 사람도 있습니다. 생각보다 많은 변수가 우리의 잠자리를 바꿔놓습니다. 국내나

동남아 여행이라면 그나마 다행이지만 거리가 멀어 시차가 생기는 나라에 간다면 바이오리듬도 변화합니다.

미라클 모닝의 주안점은 전쟁 중에도 새벽 기상을 해야 한다는 강박감이 아니라 변화에 유동적으로 대처하는 에너지 관리 능력에 있습니다. 계획대로 실행되지 않을 가능성이 크지만 만일 잠자리가 바뀔 예정이라면 달라질 기상시간에 대해 미리 계획을 세우고 대비하는 것이 좋습니다. 공간이 바뀌더라도 기상 습관과 모닝 루틴을 어떻게 유지할 것인지 사전에 계획하고, 실천 불가능한 날이 생기면 과감하게 넘기는 융통성도 필요합니다.

변화를 의식하고 있으면 변화에 유연하게 대처하고 하루를 생산적으로 설계하는 방법을 찾을 수 있습니다. 여행과 출장이 끝난 후 다시 일상으로 돌아왔을 때도 여전히 나의 루틴이 유지되고 있다는 생각에 이전의 습관으로 좀 더 쉽고 편안하게 돌아올 수 있습니다. 숨을 쉬는 동안에는 날마다 똑같이 사는 게 현실적으로 불가능하다는 것을 인정하고 완벽해야 한다는 강박을 내려놓기 바랍니다. 때로는 여유를 가지는 것이 좋은 습관을 꾸준하게 유지하는 비결입니다.

4. 질병

하루도 아프지 않고 살 수 있다면 얼마나 좋을까요? 고시 공부를 예로 들면 보통은 2년, 길게는 그 이상의 시간이 소요되기도 합니다. 그래서 합격의 비결이 체력이라는 이야기도 많이 나옵니다. 이루고자 하는 목표가 장기 프로젝트라면 역시 제일 중요한 역량은 기초 체력입니다. 하지만 인간의 체력에는 한계가 있고 개인차가 존재합니다. 운동선수라 할지라도 1년 내내 건강한 것은 아닙니다. 몸이 아픈 날도 분명 있습니다.

특히 미라클 모닝 초기에는 빨라진 기상시간 때문에 체력의 한계를 느끼는 분들이 많습니다. 몸이 피곤하거나 아플 땐 어떻게 해야 할까요? 컨디션이 나쁠 때도 억지로 새벽 기상을 실천하는 것이 현명한 걸까요? 회식, 출장과 마찬가지로 몸 상태가 안 좋다면 충분한 휴식을 취하는 것이 좋습니다. 휴식에 집중해 빠르게 회복하고 다시 일상으로 돌아오는 편이 오히려 효율적이기 때문입니다. 아프지 않고 날마다 최상의 몸 상태를 유지하는 것이 가장 좋지만, 인간은 때때로 이유 없이 아프고 충분한 휴식이 필요한 존재입니다.

독서, 공부, 운동, 행복, 성공, 추가소득과 같은 목표, 다 좋습니다. 하지만 제일 중요한 것은 건강입니다. 몸과 마음이 건강해야 좋은 습관을 오랫동안 유지할 수 있습니다. 몸이 아프고, 마음이 심란하면 만사가 귀찮아집니다. 체력 관리, 에너지 관리를 잘하면 새벽 기상을 오랫동안 유지할 수 있는 동력이 생깁니다. 건강한 몸과 마음을 유지하는 것만큼 중요한 것은 없습니다. 쉴 때 쉴 줄도 알아야 필요한 때에 집중력을 최대한 끌어올릴 수 있습니다.

일찍 일어나서 생산적인 활동을 하며 체계적으로 시간을 관리해야 하는 이유를 항상 의도적으로 상기하기 바랍니다. 남에게 보여주려고 행동하는 것이 아닙니다. 내 삶을 조금이라도 더 나은 방향으로 이끌고, 내가 원하는 삶을 만드는 데 집중하기 위함입니다. 그런데 이 삶의 방식이 건강을 무너지게 하고, 놀고 쉬는 데 죄책감을 느끼게 하고, 매시간 빡빡한 일정에 치여 바쁘게 살아야 한다는 강박으로 흘러가서는 안 됩니다.

5. 환경 변수

저는 잠 대신 깨어 있기를 선택한 사람이었습니다. 이른 새벽시간, 휴식 대신 공부하기를 택했고 이 시간만큼은 누구의 방해 없이 온전히 저만의 시간이길 원했습니다. 이젠 갓난아이가 아니니 새벽에 깨는 일은 거의 없을 것이라 생각했지요. 누구의 방해도 없는 완벽한 나만의 시간이라니, 상상만 해도 너무 즐거웠습니다.

새벽 기상을 시작해보겠다고 처음 혼자 일찍 일어나기 시작했을 무렵, 제 아들은 8살, 딸은 5살이었습니다. 아직 어린 나이인지라 잠결에도 엄마가 없다는 걸 알아채면 아이는 일어나 문을 열고 "엄마!"를 외쳤습니다. 일어나 책상에 앉은 지 20분도 채 지나지 않아 아이가 깨는 통에 집중의 흐름이 깨져버렸습니다.

새벽잠을 설친 아이를 달래 다시 침대에 눕혀 놓고 곤히 잠들기를 기다렸습니다. 아이를 어르고 달래고 자장가를 불러주며 어떻게든 다시 제 시간을 확보하려 노력했지만 헛수고로 그친 적도 많았습니다. 그래서 채팅과 SNS 댓글로 힘내라는 응원도 자주 받았습니다. 안 그래도 부족한 잠을 줄여가며 없는 시간을 쪼개 일찍 일어났는데 아이까지 돌봐야 하는 고충, 어린아이를 키우는 부모라면 공감하실 거라 생각합니다.

그런데 전혀 예상치 못한 곳에서 또 하나의 변수가 생겼습니다. 바로 제 마음이었습니다. 아이가 잠투정을 부릴 때마다 슬슬 화가 났습니다. 엄마가 옆에 있어야 잠을 자겠다며 떼쓰는 아이 때문에 속절없이 시간이 흘러가는 게 짜증이 났습니다. 새벽시간에도 육아로 체력을 써야 하는 것이 싫었습니다.

어느 날 아침, 배고프다며 새벽 5시가 조금 넘어 잠에서 깬 아이에게 요구르트와 바나나를 챙겨줬습니다. 작고 예쁜 입을 오물거리며 음식을 먹는 아이를 식탁에 앉아 물끄러미 바라봤습니다. 그리고 이게 과연 화가 날 일인가를 잠시 생각해봤습니다. 일찍 일어나는 가장 큰 이유는 나와 내 가족을 위함이었으니까요.

새벽에 끝내지 못한 글쓰기와 독서는 짬이 나는 오후에 하면 됩니다. 또 어쩌다 하루 건너뛰면 어떤가요? 아이는 그저 엄마와 함께 있고 싶었을 뿐이잖아요. 그 마음이 새벽이면 어떻고, 한밤중이면 어떤가요? 아이에게는 엄마와 함께 시간을 보낼 권리가 있고 아이의 마음은 잘못이 없습니다. 엄마 옆에서 잠자고 싶다는 아이의 마음을 엄마인 제가 받아주면 되는, 아주 당연하고 사소한 문제였습니다.

미라클 모닝을 방해받았다고 해서 아이에게 화를 낼 필요는 없었습니다. 일찍 일어나서 내 시간을 보내는 것이 1순위가 아님을 깨닫고 난 후부터는 아이가 새벽에 잠에서 깨면 그 자리에서 컴퓨터를 끄고 읽고 있던 책을 덮었습니다. 엄마가 없어 놀란 아이를 꼭 안아주며 마음을 진정시킨 후 함께 손을 잡고 다시 침대로 향했습니다. 거기서 아이를 재우다가 저도 함께 잠들거나 다시 미라클 모닝을 이어갔습니다. 아이와 함께 보내는 시간도 공부하고 책을 읽는 시간만큼 중요하다는 것을 알게 되었습니다.

이젠 시간이 흘러 아이들은 잠에서 깨도 7시 20분까지는 제가 공부하는 서재에 들어오지 않습니다. 문틈 사이를 빼꼼히 들여다보며 엄마의 존재를 확인한 후 다시 조용히 잠자리로 돌아갑니다. 엄마는 새벽에 일찍 일어나 공부하고 일하는 사람이라는 것을, 엄마의 시간도 소중하다는 것을 깨닫고 인정하는 나이가 된 것입니다.

시간은 저만 키운 게 아니라 아이들도 함께 키웠습니다. 물론 가끔은 제 무릎에 앉아 졸린 눈을 비비며 투정도 부립니다만, 이제 몇 년 더 자라면 제 무릎에 앉힐 수도 없을 만큼 자랄 테니 이 시간을 귀하게 여기기로 했습니다. 엄마인 저를 조건 없이 사랑한다는 표현이니까요.

여러 가지 변수로 인해 미라클 모닝을 할 수 없다고 해서 속상해할 필요는 없습니다. 화를 내거나 짜증을 낼 이유는 더더욱 없습니다. 미라클 모닝을 하루이틀 실천하지 못한다고 해서 우리의 모든 노력이 물거품이 되는 것은 아니니까요. 조금 느려지는 것뿐, 결국 우리는 목적지에 도착할 테니까요.

이른 새벽, 오늘도 자는 아이들의 얼굴을 조용히 살펴봅니다. 중간에 깨지 않고 푹 자는 아이들의 모습을 보며 '잘 자라고 있구나!' 하고 위로를 받습니다. 매일 쑥쑥 자라는 아이들을 보면서 힘을 냅니다. 함께 자라고 성장하는 삶에서 기쁨을 느낍니다. 아침 7시 20분, 오늘도 깊게 잠든 아이들 덕분에 글 하나를 완성했습니다. 이제 작가 엄마는 퇴근하고 아이들의 엄마로 다시 출근합니다.

관건은
'지속하는 힘'

감정을 조절하는 것이야말로 미라클 모닝을
오랫동안 유지할 수 있는 핵심 비결이라는 생각이 들었습니다.

세상에서 가장 어려운 일은 무엇일까요? 난이도 높은 시험에 합격하는 것? 명문대에 들어가는 것? 남의 돈을 내 주머니에 넣는 것? 타인의 마음을 얻는 것? 자식을 키우는 것? 물론 이 모든 게 다 어렵지만 저는 개인적으로 '꾸준히 자신을 움직이는 것'이 가장 큰 난관이라 생각합니다.

우리는 매일 상상합니다. 더 행복한 삶, 더 많은 부를 누리는 삶, 더 여유롭고 편안한 삶을요. 하지만 이는 상상만 한다고 이뤄지지 않습니다. 상상은 누구나 할 수 있지만 실행은 아무나 할 수 없거든요. 한두 번의 실행은 누구나 할 수 있습니다. 그러나 원하는 변화를 만들어낼 때까지 꾸준함을 유지하는 사람은 드뭅니다.

비슷한 가정환경에서 비슷한 수준의 공부를 하고 비슷한 직장에 취업했지만 A는 만년 부장입니다. 회사 밖을 벗어난 적이 단 한 번도 없는 성실한 직장인입니다. B는 A와 똑같은 시기에 부장으로 승진했지만, 회사 밖에 있는 더 큰 기회를 잡기 위해 열심히 공부했고 준비가 되었다고 판단되었을 때 퇴사했습니다. 10년 뒤, 여전히 A는 퇴사와 은퇴를 걱정하지만 B는 새로운 도전에 성공해 사장님이 되었습니다. B는 자신의 회사에서 아무 걱정 없이 일하고 싶을 때까지 일할 수 있습니다.

영어 공부든, 재테크든, 운동이든 같은 출발선에서 시작했다 해서 모두가 같은 결과를 얻는 것은 아닙니다. 누군가는 해내고, 누군가는 실패합니다. 해내는 사람들의 비결은 바로 실행력입니다. 실행력이야말로 인생의 격차가 벌어지는 단 하나의 이유인데요. 성공하는 이들은 늘 부단히 자신의 의지력을 잘 관리하려고 노력합니다.

여기서 핵심은 '관리'라는 단어입니다. 의지력과 동기는 결국 인간의 감정입니다. 이 두 가지 감정의 공통점은 무엇일까요? 바로 생겼다가 없어지는 과정이 반복된다는 것입니다. 인내심엔 한계가 있고 기쁨과 슬픔도 시간이 지나면 담담해집니다. 의지력과 동기도 마찬가지입니다. 의지력과 동기를 불러일으키는 적당한 자극을 끊임없이 찾아 주기적으로 관리해줘야 합니다.

미라클 모닝의 의지와 동기가 사라질 때, 다시 초심으로 돌아갈 수 있는 저만의 방법을 몇 가지 소개해드리겠습니다.

1. 가볍고도 아주 사소한 비교

이 방법은 제가 자주 사용하는 방법인데요. 저와 연령대가 비슷하고 제가 원하는 목표를 이룬 사람, 비슷한 직업을 가졌지만 저보다 앞서가고 있는 사람을 떠올리는 것입니다. 지인도 좋고 꼭 지인이 아니어도 괜찮습니다. 온전히 자신의 능력과 노력으로 목표에 도달한 롤모델을 찾아 '저 사람도 하는데 나도 할 수 있다!'라고 스스로에게 용기를 불어넣는 것입니다. 살짝 느슨해지려고 했던 목표 달성의 의지에 작은 불씨를 심어줍니다.

요즘 저의 롤모델은 육아를 하면서도 자신의 책을 출간한 사람들입니다. 주의할 점은 절대 노력으로 따라갈 수 없는 누군가를 롤모델로 삼으면 자칫 좌절감과 자괴감을 느낄 수 있다는 것입니다. 제가 24시간 동안 잠도 안 자고 운동한다 해도 모델처럼 될 수는 없는 이유는 굳이 설명하지 않아도 알고 계실 겁니다. 남과 비교하는 일이 무조건 나쁘다는 편견은 버리세요. 건강한 방식으로 '비교'를 잘 활용하면 개인의 성장을 위한 효율적인 도구로 사용할 수 있습니다.

2. 스스로 묻고 답하는 성공 질문

처음 미라클 모닝을 시작할 때 정말 많은 시행착오를 경험했습니다. 약한 체력 때문에, 저녁 일정 때문에, 육아 때문에 제대로 하지 못한 날이 많았습니다. 몸 상태가 좋지 않아 일어났다 다시 잠든 적도 몇 번 있었고, 앞날이 너무 막막하고 답답하다는 부정적인 감정에 휩싸여 포기하고 싶을 때도 있었습니다. 그런데 미라클 모닝으로 삶이 점진적으로 변하는 것을 직접 체감하니, 감정을 조절하는 것이야말로 미라클 모닝을 오랫동안 유지할 수 있는 핵심 비결이라는 생각이 들었습니다.

부정적인 감정, 포기하고 싶은 마음은 앞으로도 주기적으로 우리를 가로막을 것입니다. 저는 이러한 감정이 올라오는 시기를 잘 넘길 방법이 없을까 꽤 오랜 시간 고민했습니다. 그러다 '책에서 읽은 문장으로 질문을 만들어 스스로 묻고 답해보면 어떨까?' 하는 아이디어가 떠올랐습니다. 매일 아침 독서를 한 후 책에 나온 문장을 정리해 저 스스로 질문하는 성공 질문을 만들었고, 묻고 답하는 과정에서 저에게 미라클 모닝이 얼마나 중요한지를 반복적으로 각인시켰습니다.

300개가 넘는 질문과 답은 저를 꾸준히 다독였고, 4년의 시간 동안 3번의 사이클이 돌았습니다. 질문에 대한 답도, 목표도 매년 조금씩 수정되었습니다만 제 삶의 최종 목표를 더 명확히 정리할 수 있어 좋았습니다. 단순히 좋은 글을 읽고 따라 쓰는 필사의 수준을 넘어 작가의 문장을 자신만을 위한 질문으로 변환시킨 후 그 질문에 스스로 답하는 과정을 반복해보세요. 저는 이 과정을 통해 목표를 향해 흔들림 없이 정진하는 원동력, 깊은 내적 자산을 쌓았습니다. 저의 성공 질문은 제 블로그, 인스타그램, 네이버 카페에 잘 정리되어 있습니다.

성공 질문 중 제 인생의 핵심 가치를 깨닫게 해준 질문을 몇 가지 소개해봅니다. 아래의 질문을 읽어본 후 가볍게 대답해보세요. 답변에서 특정 단어나 상황이 반복된다면 그것이 여러분이 중요하게 생각하는 지향점일 수 있습니다.

1. 오늘 아침 일찍 일어나지 않았다면 어떤 후회의 감정이 찾아 왔을까?

2. 쓸모 있지만 나를 녹슬게 하는 것, 비록 무용하더라도 나를 아름답게 하는 것은 무엇인가?

3. 인생의 우선순위에서 필수 과목과 선택 과목은 각각 무엇인가?

4. 원하는 것, 꿈꿔왔던 일, 생각하면 미소가 떠오르고 가슴이 뛰는 목표가 있는가? 그것은 무엇인가?

5. 왜 어떤 사람은 성공하고 어떤 사람은 실패할까?

6. 매일 밤 TV를 보는 천재를 이기는 방법은 무엇이 있을까?

7. 어떻게 하면 지금 여기서 나답게 살고 일할까?

8. 어느 작가가 90세 할머니에게 인생에서 후회하는 것이 무엇이냐고 물었다. 할머니는 60세 무렵에 바이올린을 시작

하고 싶었는데 너무 늦어서 포기한 것이라고 했다. 그때 시작했으면 30년은 더 연주할 수 있었을 텐데. 시작하기에 가장 이른 시간은 지금이다. 30년 후에도 나를 즐겁게 할 수 있는, 지금 시작하고 싶은 일(취미)이 있다면 무엇인가?

9. 당신에게 미래를 알 수 있는 능력과 미래를 만들 수 있는 능력 중에 하나를 고르라면 어떤 것을 고르겠는가?

10. 다음 단계로 도약하기 위해 당장 그만둬야 하는 것은 무엇인가?

3. 비전보드 만들기

미라클 모닝을 처음 시작하면서 가장 먼저 한 지출은 잡지 1년 정기구독권 구매였습니다. 평소 잘 보지 않던 잡지를 구독한 이유는 성공한 사람들을 보며 이루고 싶은 미래를 반복적으로 떠올리고 싶었기 때문입니다. 잡지 광고에 나오는 명품을 사고 싶다, 셀럽들처럼 화려하게 살고 싶다는 일차원적인 상상을 하기 위함은 아니었습니다. 이제 저는 성공한 셀럽들의 숨은 노력을 볼 줄 아는 어른이 되었고, 명품으로 휘감지 않아도 저라는 사람이 존재만으로도 가치 있다는 것을 알기 때문입니다.

여러분도 좋은 자극을 주는 잡지나 신문, 주간지를 구독해 보시는 걸 추천합니다. 이러한 매체를 비전보드 삼아 의욕을 고취시켜보세요. 비전보드라고 해서 거창할 게 없습니다. 좋은 자극을 주는 이미지나 문장이 보이면 가위로 오려 잘 보이는 곳에 붙여놓는 것만으로 충분합니다. 한 달에 1만 원도 안 되는 돈으로 의욕을 불태우고 목표를 구체화할 수 있습니다. 좋은 정보와 즐거움, 최신 트렌드 정보는 덤입니다.

무의식을 건드리는 가장 좋은 방법은 바로 상상입니다. 비전보드를 통해 성공한 내 모습을 상상해보세요. 동기 부여에 큰 도움이 될 것입니다.

4. 긍정 확언하기

확언(確言)은 '확실하게 말하는 것'이고, 긍정(肯定)은 '그러하다고 생각하며 옳다고 인정하는 것'입니다. 따라서 '긍정 확언'이란 '자신이 옳다고 생각하고 인정하는 것을 확실하게 말하는 것'입니다. 오늘 당장 나에게 필요한 문장, 내가 믿고 싶은 신념과 생각을 매일 다이어리나 SNS에 적은 후 눈을 감고 몸과 마음속으로 체화시켜보세요. 이 작업 역시 무의식에 내재되어 있는 부정적인 감정을 사라지게 하는 작업입니다. 우리의 정신영역은 10%의 의식과 90%의 무의식으로 이뤄져 있습니다. 무의식에서 못한다, 어렵다고 느낀다면 의식은 절대로 작동하지 못합니다.

매일 같은 문장을 적어도 좋고, 책을 읽다가 우연히 발견한 문장이나 새로운 문장을 적어도 상관없습니다. 정말 신기하게도 문장을 몇 번 적는 것만으로도 용기가 샘솟습니다. 긍정 확언은 여러 자기계발 책에 자주 등장하는 개념인데요. 저도 처음에는 정말 효과가 있을까 의심했었습니다. 하지만 그 효과를 체감한 이후에는 짧은 시간에 극적으로 용기를 불어넣어주는 가장 확실한 방법이라고 결론 내렸습니다.

긍정 확언의 효과가 의심스럽다면 속는 셈치고 오늘부터 딱 일주일만 노트에 필사하며 눈을 감고 내면의 소리에 집중해보세요. 그 누구도 알려주지 않았던 마법과 같은 문장의 힘에 깜짝 놀라실 겁니다.

아무도 쳐다보지 않는다고 해서 스스로 사라지지 마라. 그들이 고개를 들어 나를 바라볼 때까지 기다려라. 퇴장만 하지 않으면 반드시 누군가가 나를 기어이 본다.

제가 한동안 매일 반복하며 읽었던 문장입니다. 주저앉고 싶을 때, 저는 긍정 확언의 힘 덕분에 포기하지 않았습니다.

5. 감정 표출하기

무언가를 읽고 쓰는 행위는 많은 사람이 실천하는 가장 흔한 모닝 루틴 중 하나입니다. 보통 감사일기나 감정일기를 많이 쓰는데요. 감사일기는 지나가버린 과거의 일을 떠올리며 소소한 일상, 평범한 일상이 소중하다는 것을 발견하는 것이 목적입니다. 감정일기는 자신이 느끼는 다양한 감정을 담담하게 기록해 있는 그대로의 자신을 받아들이는 것이 목적입니다.

우리 주변에는 좋은 신호는 모르고 지나치면서 별것 아닌 사소한 실수나 작은 사고를 불행의 신호로 받아들이는 사람이 많습니다. 아침에 출근 지하철을 놓치면 오늘 하루는 망했다고 자책하고, 길에서 넘어지기라도 하면 평생 되는 일이 없다며 느닷없이 팔자 타령을 합니다.

저 역시 그랬습니다. 불편한 감정을 빠르게 끊어내는 훈련을 해본 적이 없어서 일이 조금만 잘못되면 모든 것이 힘들고 화가 났습니다. 나쁜 감정을 처리하는 데 매우 많은 에너지를 썼지만 개운하게 해결되는 경우는 드물었습니다. 이때 감사일기, 감정일기가 마음을 다스리는 데 큰 도움이 되었습니다.

일기의 형식이 부담스럽다면 주변에 있는 포스트잇이나 노트, 냅킨 등에 가볍게 적어보세요. 나를 괴롭히는 것들, 지금의 내 처지, 버리고 싶은 것들, 나를 힘들게 하는 감정 등에 대해 두서없이 적어보세요. 남에게 말하기엔 좀 치사한 것 같고 혼자 삭히기에는 무언가 억울하다면 그냥 편하게 펜과 종이로 감정을 털어놓는 겁니다. 그렇게 적다 보면 원망에 가득 찼던 끄적거림이 어느새 형식을 갖춘 일기가 되고, 더 나아가 블로그와 책의 글밥이 될 수 있습니다.

남들은 모르는 어딘가에 형식도 논리도 없이 마구 쏟아냈던 문장들이 지금의 저를 만들었고, 저를 해방시켰습니다.

6. 나만의 작은 성취를 외부로 표출하기

미라클 모닝 오픈채팅방을 개설한 지 약 4년이 지났습니다. 저는 여전히 오픈채팅방을 관리하고 여러 플랫폼에 꾸준히 콘텐츠를 올리고 있지만 특별한 이벤트, 소모임, 유료 서비스, 온라인 강의, 전자책, 콘텐츠 판매와 같은 수익 활동은 전혀 하지 않고 있습니다. 개인 간의 거래보다는 플랫폼과의 거래, 기업과의 거래가 시작되길 소망하며 열심히 제 할 일을 하고 있습니다.

감사하게도 자신감 있어 보이고 당찬 제 모습을 보며 누군가는 스님에게도 빗을 팔 수 있는 사업 수완 좋은 사람이라고 치켜세워주시기도 합니다. 하지만 의외로 저는 사람과의 관계에서 돈을 셈하는 것이 어렵습니다. 서툰 돈 욕심으로 사람을 잃는 것이 두렵고, 모든 사람에게 좋은 사람으로 남고 싶은 욕심이 크기 때문입니다. 그래서 큰돈은 아니지만 제 수익은 판매가 아닌 투자로 만들고 있습니다.

수익이 목적인 커뮤니티보다는 소통하는 커뮤니티를 만드는 것이 우선이라는 생각에 블로그와 인스타그램을 통해 오픈채팅방을 널리 알리고 관리하는 일에만 집중했습니다. 처음에는 커뮤니티 운영에 대한 기술적인 지식이 많이 부족했습니다. 회원들의 소중한 시간을 챌린지 인증이나 이벤트로 빼앗고 싶지 않다는 조심스러운 마음도 커뮤니티의 역동을 방해했습니다. 리더의 입김으로 움직이는 커뮤니티가 아닌, 멤버들의 자발적 참여를 유도하는 좋은 방법을 찾고 싶었습니다. 그러다 번뜩 '셀프 기부'를 해보자는 아이디어가 떠올랐습니다.

셀프 기부란 아침 6시 이전에 일어나는 데 성공하면 매일 500원씩 적립해 월말에 원하는 기부처에 자유롭게 기부하는 프로젝트입니다. 내가 쏘아 올린 작은 성공이 타인의 일상에도 좋은 에너지를 주면 꽤 의미 있는 일이 될 것이라는 확신이 들었습니다. 금액도 크게 부담스럽지 않습니다. 평일 기준 한 달 동안 20일 성공하면 기부금은 1만 원입니다.

액수와 상관없이 기부 자체로 큰 의미가 있지만, 연말에 셀프 기부 금액을 정산해보면 한 달 평균 몇 번 미라클 모닝에 성공했는지 쉽게 셈할 수 있습니다. 한 달 평균 1만 원이 넘으면 2/3 이상 미라클 모닝을 실천했다는 의미입니다. 2019년 10월에 시작된 셀프 기부 프로젝트는 오픈채팅방 동료들과 함께 현재까지도 꾸준히 진행되고 있습니다. 미라클 모닝을 실천하고 계신 분들이라면 의미 있는 이 나눔에 꼭 참여하셨으면 합니다.

7. 함께하기

아침에 일찍 일어나는 것은 혼자서도 충분히 할 수 있는 일입니다. 당연히 파트너가 있으면 좋겠지만 굳이 없어도 괜찮습니다. 하지만 나를 지켜보는 사람이 있고 없고는 초기 실행 단계에서 매우 중요한 일입니다. 인간은 어떤 시기가 오면 누구나 적당히 타협하고 자기 합리화를 하며 삽니다. 타협과 합리화가 반복되면 다시 과거의 생활습관으로 돌아갈 확률이 매우 높아지는데요. 정신이 번쩍 드는 사고나 마음의 상처가 아닌 이상 단기간에 과거부터 쭉 이어져오는 생활습관을 바꾸기란 쉽지 않습니다.

그런데 우리는 생계가 달린 심각한 문제, 잊고 싶어도 잊을 수 없는 사건·사고 때문에 인생을 변화시키려고 하는 게 아닙니다. 어제보다 오늘을, 오늘보다 내일을 더 잘 살고 싶은 작은 소망이 우리를 움직이게 하는 동력입니다. 변화의 계기가 작으면 사람을 움직이는 에너지 또한 작습니다. 작은 에너지를 꾸준하게 유지하는 방법은 작은 자극이라도 지속적이고 반복적으로 일으키는 것입니다.

반복적이고 지속적인 자극은 어디에서 가장 쉽게 얻을 수 있을까요? 바로 나와 비슷한 길을 걷고 있지만 꾸준함을 유지하는 동료가 그 원천입니다. 누군가 합리화와 게으름을 이겨내고 무언가를 이뤄내는 모습을 옆에서 지켜볼 수 있다면 그것만큼 좋은 자극이 없습니다. 내 주변에 미라클 모닝을 실천하는 사람을 찾기 어렵다면 같은 꿈을 꾸는 사람들이 모여 있는 커뮤니티에 들어가면 됩니다.

인간은 외로움을 느끼는 존재입니다. 그래서 항상 곁에 누군가를 두고 싶어 합니다. 유유상종, 끼리끼리는 과학이라는 말이 있지요. 부지런한 사람, 인생의 목표가 확실한 사람이 되고 싶다면 내 옆에 이런 사람이 많을수록 좋습니다. 사람은 타인을 거울 삼아 자기 정체성을 확립해나가는 존재입니다. 주변에 없다면 일부러라도 찾아 나서야 합니다.

어릴 적에 어른들로부터 나쁜 친구랑 놀지 말라는 말을 많이 들으셨을 겁니다. 100% 맞는 말이라 할 수는 없지만 완전히 틀린 말도 아니라고 생각합니다. 자주 만나는 사람이 때로는 우리의 삶의 방향을 바꿀 수도 있기 때문입니다. 중간에 멈추고 싶은 마음이 들 때 나를 다시 일으켜줄 누군가가 필요하다면 커뮤니티에 참여하는 것을 적극적으로 추천합니다. 여러 가지 부수적인 활동에 참여하지 않아도 괜찮습니다. 꿈을 이뤄가는 사람들을 지켜보는 것만으로도 큰 공부가 됩니다.

저는 미라클 모닝 커뮤니티를 이끄는 리더이자 베스트셀러 작가 김미경의 '굿쩍월드' 멤버로 활동하고 있습니다. 온라인 지식 커뮤니티 MKYU 김미경 대표는 말합니다. 커뮤니티 실력이 곧 내 실력이라고요. 성장하는 사람들이 모여 있는 실력 있는 커뮤니티에 들어가면 내 실력도 비슷하게 올라갑니다. 혼자보다는 함께하는 것이 좋습니다. 망설이지 말고 마음에 맞는 커뮤니티를 꼭 찾아보세요.

저를 부정적인 생각의 덫에서 빠져나올 수 있게 도와준 일곱 가지 동기 부여 방법을 정리해봤습니다. 이 밖에도 의지력을 고취시키는 방법은 정말 많습니다. 형태가 다를 뿐 실행력을 높이는 본질은 같습니다. 목표를 명확하게 인지하고 주변의 평가에 휘둘리지 않는 꾸준함을 유지하는 방법을 찾아보세요. 내 꿈을 응원하고 지지해주는 사람을 가까이 둘 방법을 끊임없이 고민해보세요.

잘하고 못하고는 나중 문제입니다. 지금 하느냐 하지 않느

냐가 더 중요합니다. 자신을 움직이는 힘을 가지고 있는 사람은 앞으로 나아가려는 노력을 멈추지 않습니다. 셀 수 없이 많은 시도를 하고 셀 수 없이 많은 실패를 합니다. 과정에서 배우고, 아이디어를 얻고, 새로운 발견을 하고, 생각을 전환합니다. 생각의 전환이 곧 내 인생의 터닝 포인트입니다.

일찍 일어나는 것은 일차원적인 의미로는 시간을 확보하기 위한 행동이지만, 시간관리의 최종 목표는 완벽한 삶이 아닌 조화로운 삶입니다. 특별한 시간관리 비법, 미라클 모닝은 나의 변화를 통해 세상의 즐거움을 온몸으로 느끼는 멋진 액션입니다. 한 가지 목표에 집중하면서 보고, 듣고, 말하고, 읽고, 쓰는 행위를 반복한다면 자연스럽게 내 생각의 울타리가 넓어지는 마법이 펼쳐집니다.

"사업에 성공한 사람 중에 아침 일찍 일어나
그날의 계획을 세우지 않은 사람은 별로 없다."
_ 윌리엄 올코트

PART 3

일찍 일어났을 뿐인데
인생이 바뀌었다

당신의 인생 2막은
안녕하신가요?

제가 원하는 일을 선택하고, 잘하는 일을 하며
새로운 기회가 올 때까지 주도적인 인생을 살기로 했습니다.

직장에 입사하면 누구나 피할 수 없는 것이 '퇴사'입니다. 지금이냐 나중이냐 시기만 다를 뿐 퇴사는 입사와 함께 따라오는 당연한 절차입니다. 하지만 퇴사를 떠올리면 왠지 모르게 '헤어짐' '슬픔' '허탈함' '아쉬움' 같은 단어가 함께 떠오릅니다. 아닌 경우도 있겠지만 우리나라 공교육과 대학 교육이 오로지 '입사'에 초점을 맞추고 있기 때문입니다. 입사에 골인하면 성공한 인생이고, 그것만이 유일한 목표처럼 여겨집니다. 그러다 보니 입사 이후의 삶, 즉 누구나 반드시 경험하는 퇴사 이후의 삶을 준비한다는 것 자체가 참 어색하게 느껴집니다.

제 직장생활은 그다지 만족스럽지 못했습니다. 주도적이고 창의적인 일을 하기를 원했지만 인생은 제가 원하는 방향으로 순조롭게 흘러가지 못했고, 원하는 직무를 선택할 기회가 없었습니다. 37살에 다시 회사에 들어가도 상황은 변하지 않았습니다. 일의 주도권은 저에게 없었고 상사의 그늘 아래 존재하는 직원, 아무개 임원의 비서로 불렸습니다. 그래서 늘 다른 직무를 갈망했고 보직 변경도 신청해봤지만 제 자리를 대신할 사람을 구하기 어렵다는 이유로 번번이 가로막혔습니다. 그렇게 하루하루 버티다 우연히 『퇴사학교』라는 책과 만났고, 이 책에 나온 문장 하나가 제 뼈를 때렸습니다.

현재 하기 싫은 일을 할 수밖에 없는 이유는 내가 그것 말고는 먹고살 만한 준비를 하지 않았기 때문이다.

정답이었습니다. 제가 오랜 시간 하기 싫은 일을 하고 있었던 이유는 회사 말고는 먹고살 준비를 전혀 하지 않기 때문이었습니다. 명확한 꿈과 비전이 없으니 먹고살 수 있는 기술이 없는 것은 당연했습니다. 직장인과 프리랜서의 경계를 오가며 여기저기를 기웃거리기만 했던 저는 무엇이 문제인지 몰랐습니다. 문제를 모르니 월급을 받을 수 있는 회사에만 매달렸습니다.

별 탈 없이 한 달간 열심히 출퇴근하면 꼬박꼬박 월급이 나오는 삶. 회사가 생계를 해결해줬으니 불만이 있어도 꾹 참았고, 회사에 오랫동안 붙어 있는 것만이 유일한 대안이라고 생각했습니다. 제 삶에서 회사는 절대로 사라져서는 안 되는 곳이었습니다. 그래서일까요? 나이가 60살이 되어도 직장인으로 살 수 있을 것이라는 착각을 했습니다.

하지만 이번엔 달랐습니다. 정식으로 사표를 던지기 전, 2년의 육아휴직 기간 동안 저는 제 밥벌이의 기반을 갈고닦았습니다. 남편의 벌이와 상관없이 회사라는 조직 없이 오롯이 제 힘으로 무언가를 해낼 수 있는 토대를 만들겠다 결심했습니다. 직장인이 아닌 직업인으로서 살아갈 기반을 닦는 것을 목표로 정했습니다. 제가 지금의 업을 찾기까지 큰 도움이 된 『퇴사학교』의 세 가지 질문을 소개해드릴까 합니다.

1. 밤을 새워도 즐겁게 몰입했던 일은 무엇인가?

2. 아침에 벌떡 일어나서 하고 싶은 것이 있었는가?

3. 만약 1년밖에 살 수 없다면 무엇을 가장 먼저 하고 싶은가?

다 큰 어른의 진로 탐색은 이 세 가지 질문으로 시작되었습니다. 질문들이 꼬리에 꼬리를 물며 제 내면에서 쏟아지기 시작했습니다. '회사를 그만두면 뭘 해야 하지?' '내가 무엇을 할 수 있지?' '돈과는 상관없이 꾸준하게, 재미있게 할 수 있는 게 무엇이지?' '그런데 회사에 다니는 것 말고는 할 줄 아는 게 아무것도 없는데?' 답을 구하기까지 약 6개월이라는 시간이 흘렀고 마침내 온라인 플랫폼, 글쓰기, 독서라는 세 가지 핵심 키워드를 찾아냈습니다.

저는 솔직히 이날 이때까지 좋아하는 일을 하며 돈을 벌수 있다는 생각 자체를 해본 적이 없었습니다. 다 자란 어른의 밥벌이는 그저 하기 싫은 일을 꾹꾹 참고 견디는 인내의 대가라고 생각했습니다. 학교 선생님, 인생 선배, 부모님도 사람이 어떻게 좋아하는 일만 하며 살 수 있냐며, 싫어도 참고 버티는 것이 인생이라고 조언했습니다.

우리 부모 세대는 생계 유지를 위해 하기 싫은 일을 하며 평생을 참아냈습니다. 그러나 인내는 썼고 열매는 달지 않았습니다. 인생 전체를 희생한 대가는 OECD 국가 중 노인빈곤율 1등이라는 이해하기 힘든 결과로 나타났으니까요. 그 대물림의 족쇄는 자녀 세대에게도 큰 영향을 미쳤습니다.

인내에는 두 가지 종류가 있습니다. 첫 번째는 하기 싫은 일을 참아내는 인내, 두 번째는 좋아하는 일을 하면서 기회가 올 때까지 꾸준히 버티는 인내입니다. 삶에서 필요한 인내는 후자의 인내였습니다. 철밥통 공무원의 인기가 시들해진 이유, 신의 직장이라 불리던 대기업에서 얼마 버티지 못하고 퇴사하는 청년의 비율이 높아진 이유도 전부 잘못된 인내의 결과물이었습니다.

우리가 〈쇼미더머니〉 〈미스트롯〉과 같은 오디션 프로그램을 보며 울고 웃었던 이유는 누구의 도움 없이 좋아하는 일을 하며 오랜 무명생활을 견뎌낸 참가자들의 모습, 꿈을 향해 앞으로 나아가는 그들의 멋진 인내심에 감동했기 때문입니다.

지금까지 저는 살면서 4번의 퇴사를 경험했습니다. 그중 3번은 이직 때문이었지만 2013년에 경험한 권고사직은 현실을 제대로 볼 수 있게 해준 충격적인 경험이었습니다.

저는 그동안 제가 꽤 능력 있는 유능한 사람이고, 회사 밖에서도 충분히 제 능력으로 먹고살 수 있다고 믿었습니다. 그러나 회사 밖의 세상과 마주하자 할 줄 아는 것이 아무것도 없다는 것을 깨달았습니다. 회사 안에서 했던 많은 일은 회사 밖에서는 전혀 쓸모없는 것이었습니다. 할 줄 아는 게 없는 문과 출신의 직장인이라는 민얼굴만 덩그러니 남게 된 겁니다. 밥벌이 전쟁터에서 저의 민낯을 보게 되니 허탈했고, 우울했고, 자주 화가 났습니다. 지난날 숱하게 참아왔던 모든 것이 생계에 도움이 되지 않는, 부질없는 일이었다는 생각에 괴로웠습니다. 하기 싫은 일을 억지로 인내한 결과였습니다.

예상치 못한 퇴사 덕분에 저는 뒤늦게 눈을 떴습니다. 그리고 2014년에 아주 충동적으로 개인사업자 등록을 합니다. 저 스스로 뭐라도 해보고 싶었습니다. 구체적인 비즈니스 모델, 저를 도와줄 파트너, 매출을 낼 수 있는 영업망 같은 건 하나도 없었습니다. 어렵고 외로운 프리랜서 생활이었지만 그때의 경험이 오늘날 큰 도움이 되었습니다. SNS 운영, 퍼스널 브랜딩 노하우를 독학했고, 제 일과 관련된 프리랜서 인맥들과 관계를 형성하고 유지하는 방법도 배웠습니다.

　지난날의 저는 하고 싶은 일을 나중으로 미뤄놓는 일이 많았습니다. 제가 하기 싫은 일을 억지로 한 건 누구의 탓도 아닌 제 탓이었고 스스로 내린 결정이었습니다. 그래서 더 많은 후회와 짙은 아쉬움이 남지만, 지나온 과정에서 확실한 배움을 얻었기에 실패했다고 생각하지는 않습니다. 그 시간을 잘 견디고, 인내하고, 깨달음을 얻었기에 이제 하고 싶은 일에 용기 있게 도전할 수 있게 되었습니다.

　이제는 회사가 없더라도 제 이름으로 당당하게 설 수 있는 튼튼한 토대가 쌓였습니다. 더는 어딘가에 채용되기 위해 애쓸 필요도 없습니다. 월급을 대가로 다른 사람을 위해 일하지 않기로 했습니다. 제가 원하는 일을 선택하고, 잘하는 일을 하며 새로운 기회가 올 때까지 주도적인 인생을 살기로 했습니다.

　오늘도 저는 명함에서 회사 이름을 지워도 꽤 괜찮은 삶을 사는 프리랜서가 되기 위해 노력하고 있습니다. 김 과장이 아닌, 가장 나다운 모습으로 가장 나답게 사는 진짜 김프리의 삶을 살아가고 있습니다.

네가 진짜
원하는 게 뭐야?

모든 것이 새롭게 시작되는 새벽시간, 이 시간을 잘 활용하면
누구나 저처럼 새로운 길을 발견하실 수 있을 것이라 확신합니다.

가수 김연우의 노래 중에 〈이별택시〉라는 노래가 있습니다. 뮤직비디오에서 여자주인공은 연인과 헤어진 후 찢어지게 슬픈 마음을 붙잡고 택시에 올라탑니다. 그리고 택시 기사님께 묻습니다.

"어디로 가야 하죠? 아저씨?"

사랑이 처절하게 끝났으니 당장 그 자리에서 벗어나고 싶어 어디론가 가긴 가야 하는데 딱히 가고 싶은 곳이 없습니다. 발길 닿는 대로 아무 곳이나 간들 마음의 위로는커녕 도돌이표처럼 제자리로 돌아와 연인과 함께했던 흔적과 마주합니다. 애써 외면한다고 그 마음들이 가위로 도려내듯 사라지지 않습니다. 사랑했던 시간만큼 외로움을 견디며 홀로 서는 법을 배워야 합니다. 그래야 다음 사랑을 홀가분하게 시작할 수 있기 때문입니다.

그간 제 삶은 정해놓은 방향 없이 앞으로 가기만 하는 택시였습니다. 어딘가에서 상처를 받으면 얼른 다른 곳으로 도망가 아무 일도 없었던 것처럼 지내고, 새롭게 머물던 곳에서 상처를 받으면 또다시 어딘가로 도망쳤습니다. 모든 일과 관계가 처음부터 완벽할 리 없고, 사람 사이에서 일어나는 크고 작은 불화도 어쩌면 당연히 벌어질 수밖에 없습니다. 하지만 저는 부당함과 억울함을 느껴도 맞서기보다는 도망을 선택했습니다. 원하는 것을 정확하게 말하지 않는 것, 조직과 환경에 완벽하게 수긍하는 척하며 지내는 것이 눈앞의 불편함을 피하는 가장 빠르고 편한 방법이었습니다.

매년 연말이 되면 이전과는 다른 삶을 살겠다, 변하겠다 다짐하지만 구체적인 계획 같은 건 없었습니다. 무엇을 해야 하고, 어떤 방향으로 나아가야 할지 갈피를 못 잡으니 그때그때 남들이 좋다는 것만 좇으며 시간과 돈을 허비했습니다. 다이어리에 빼곡하게 '해야 할 일(To do list)'을 적고 일본어 공부, 영어 공부는 물론 유명하다는 자기계발 책을 마구잡이로 읽으며 참 바쁘게도 살았습니다. 새해가 되면 어김없이 막연한 목표를 세웠고, 욕심은 많아 매일 많은 일을 하긴 하는데 이렇다할 성과는 없었습니다. 연말이 되어서 되돌아보면 제대로 끝을 본 과업은 하나도 없고 그저 바쁘기만 한 사람, 긴 시간이 흘러도 제자리걸음만 반복하는 사람이었습니다. 제 삶은 달라진 게 없었습니다.

사표를 내고 '나는 어떤 삶을 살고 싶은 걸까?' '내가 원하는 사회적 성취는 무엇일까?' 차분히 생각해봤습니다. 월급이 유일한 줄 알았던 30대 초반에는 빠르게 승진해서 연봉을 올려야겠다는 생각뿐이었습니다. 그러나 제가 진짜 원하는 삶은 직장인으로서 사는 삶이 아니었습니다. 그렇다고 사업을 하고 싶지도 않았습니다. 사업은 제가 없어도 알아서 일이 잘 돌아갈 수 있는 시스템을 만들어야 하는데, 저는 자본도 없었고 남에게 무언가를 시키거나 부탁하는 일에 불편함을 느끼는 타입이었습니다.

마냥 놀고 싶지만은 않았습니다. 시간과 장소에 구애받지 않고 아이들을 키우면서 할 수 있는 일이 필요했습니다. 육아를 하면서 사람들에게 좋은 영향력을 주는 일, 보람을 느끼고 수익도 창출할 수 있는 일, 저의 장점을 잘 살리고 타인에게 부탁하지 않아도 되는 일, 오롯이 혼자서 감당할 수 있는 일. 그러한 일이면 참 좋겠다는 생각을 했습니다. 그 일이 작게라도 수익이 된다면 그건 그것대로 좋고, 아니어도 상관없었습니다.

정확한 목적지가 있다면 예상 비용, 기간, 필요한 항목을 정리하는 게 그리 어려운 일은 아닐 겁니다. 많은 사람이 방황하는 이유는 꿈의 최종 목적지가 두리뭉실해 에너지를 집중해야 할 곳이 어디인지 모르는 경우가 많기 때문입니다. 저에게 필요한 것은 정확하고 구체적인 목적지를 찾는 것이었습니다.

새벽에 일찍 일어나 독서를 하고 명상을 하면서 저는 제 자신이 말과 글, 음악으로 세상과 소통하고 싶어 한다는 것을 깨달았습니다. 방식의 차이가 있을 뿐, 제가 추구하는 꿈의 최종 목적지는 '표현하는 것'이었습니다. 감정과 생각을 다양한 형태의 콘텐츠로 만들어 여러 채널에 확산시키면서 제 안의 에너지를 발산하며 사는 것이 제가 원하는 삶이었습니다.

목적지가 명확해졌으니 이제 해야 할 일을 하나씩 정리했습니다. 콘텐츠 크리에이터, 창작자로 살아가기 위해 첫 번째로 해야 할 일은 저에게 맞는 SNS 채널을 정하는 것이었습니다. 오랫동안 운영했던 블로그, 새롭게 시작한 인스타그램, 유튜브, 브런치, 팟캐스트 플랫폼을 다양하게 경험하며 저에게 잘 맞는 채널을 추렸습니다.

네이버 블로그를 중심으로 하나의 콘텐츠를 여러 가지 형태로 재가공해 다양한 채널에 확산하는 원소스 멀티유스(OSMU; One Source Multi Use) 전략을 실행했습니다. 블로그에 쓴 글을 각각의 채널에 맞게 수정해 인스타그램, 유튜브, 브런치, 팟캐스트로 재확산하자 모든 채널의 색깔이 비슷해지면서 제가 추구하는 브랜드 메시지를 일관성 있게 전달할 수 있었습니다.

처음에는 목표 수익을 소소하게 월 80만 원으로 세웠고, 지금 당장 하지 않아도 괜찮은 영어 공부와 매일 2~3시간씩 병행했던 운동도 줄였습니다. 원하는 목표를 위해 급하지 않은 것을 줄이거나 생략하니 일정에 여유가 생겼고 제 자신에게도 너그러워졌습니다. 미라클 모닝 덕분에 다이어리에 빼곡하게 적어놓았던 '해야 할 일'의 수는 빠르게 줄어들었고, 덕분에 저라는 사람에 대해 정확히 이해하고 잘 맞는 옷을 골라 입을 줄 아는 혜안이 생겼습니다.

새벽을 만나는 삶은 저에게 더하기가 아닌 빼기를 가르쳐 줬습니다. 제 발목을 잡고 있던 잔가지를 걷어내니 비로소 작은 숲길을 만날 수 있었습니다. 무명의 크리에이터로 살아가는 길, 제 앞에 펼쳐진 아득한 숲길을 앞으로 얼마만큼 더 걸어야 할지는 알 수 없지만 잔걸음이 하나씩 쌓이면 언젠가는 목적지에 도착할 수 있으리라 믿습니다. 새벽의 깨달음이 저를 좋은 곳으로 이끌어줄 것이라고 확신합니다.

이제는 제가 원하는 것이 무엇인지를 정확하게 압니다. 목적을 달성하기 위해서는 어떻게 시간을 쓸지 선택하고, 하고자 하는 일에 집중할 수 있는 환경을 만들고, 원하는 결과가 나올 때까지 포기하지 않아야 합니다. 새벽시간을 활용해 걷고 뛰고 쉬어가기를 반복하면 원했던 목표 지점에 도달하게 될 것입니다. 다른 사람이 뒤에서 밀어주고 앞에서 끌어주지 않아도 스스로의 힘으로 앞으로 나아갈 수 있음을 새벽 기상을 통해 배웠습니다.

제 인생 최악의 시나리오를 상상해봤더니 불의의 사고나 서로 간의 정서적 괴리로 가족과 멀어지는 것, 몸이 아파 주변 사람들에게 폐를 끼치고 하고 싶은 일을 자유롭게 하지 못하는 것, 가진 재산이 모두 휴지조각이 되어 가난해지는 것이었습니다. 반대로 제 인생 최고의 시나리오는 가족과 행복하게 지내는 것, 건강하게 사는 것, 필요한 만큼 충분한 돈을 버는 것이었고요. 원하는 바를 명확히 정리하니 제가 지금, 바로, 여기에서 해야 할 일들이 깔끔하게 정리되었습니다.

- 가족의 건강과 안전을 위해 엄마와 아내로서 최선을 다하기
- 남편, 아이들과 심리적 유대관계를 탄탄하게 유지하기
- 매일 규칙적으로 생활하며 꾸준하게 운동하기
- 육아하며 돈을 버는 방법을 꾸준히 공부하고 도전하기
- 모든 과정을 온라인에 기록하고, 가치 있는 콘텐츠로 만들기

가족과 적절한 거리를 유지하면서 독립적이고 주체적으로 살아가는 삶, 이것이 제가 진짜 원하는 삶이었습니다. 남편과 자녀, 주변 사람들에게 기대는 삶이 아닌 이 세상에 단 한 명밖에 없는 저만의 고유한 개성을 마음껏 펼치며 살고 싶습니다. 이제 가야 할 목적지가 명확해졌으니 구체적인 실행 계획을 세우고 매일 한 걸음씩만 앞으로 나아가면 됩니다. 목표를 이루기까지 갈 길이 멀지만, 목표를 위한 실행 계획을 잘게 쪼개 하루하루 꾸준히 실천하기로 합니다.

우리에게 필요한 능력은 세상에 없는 것을 만들어내는 거대하고 반짝이는 창의력, 사람들의 생각을 완전히 뒤집는 완벽한 통찰이 아닙니다. 완벽이라는 허상을 좇다 지쳐 포기하는 것이 아닌, 꾸준함을 유지하고 외부 자극에 흔들리지 않을 단단함과 포기하지 않고 끝까지 해낼 힘만 있으면 됩니다. 새벽의 에너지는 저에게 버티는 능력을 선물했습니다. 쉬어갈 때도 있지만 포기는 없습니다. 제 꿈은 매일 조금씩 노력해야 완성할 수 있기 때문입니다.

회식으로 새벽 4시까지 달려도 아침 7시에 출근하는, 한 번 회사에 출근하면 해가 질 때까지 사무실 밖으로 나오지 않는 평범하고 성실한 직장인으로 이미 여러 해 살았습니다. 날마다 몇 평 안 되는 공간에서 화장실 갈 시간도 없이 바쁘게 살았지만, 퇴근 후에 오늘 한 일을 떠올려보면 딱히 기억나는 게 없었습니다. 사내 전화와 휴대전화는 쉴 새 없이 울리고 메신저와 이메일에는 처리해야 할 업무들이 가득한데, 성과로 내세울 만한 것이 딱히 없으니 허무했습니다.

퇴사 이후에는 다르게 일하고 싶었습니다. 그래서 지금은 저 혼자 인사, 재무, 회계, 총무 일을 다 하며 신명나게 일하는 1인 기업가로서 살고 있습니다. 업을 완전히 바꿨으니 사회초년생의 마음으로 모든 것을 새롭게 시작해야 했습니다. 제가 생활하는 집이 곧 제 사무실이다 보니 일도, 육아도 집에서 다 해결해야 했고, 이전보다 좀 더 철저하게 시간을 관리해야 했습니다. 틈틈이 짬이 나면 어디서든 빠르게 일을 시작할 수 있는 최적의 환경이 절실했습니다.

디지털 노마드를 꿈꾸며, 노트북 하나로 출퇴근 없이 1년에 대기업 직장인 연봉만큼 벌었다는 작가들의 책을 읽고 또 읽었습니다. 유명 크리에이터가 쓴 책부터 저와 비슷한 상황에서 육아와 일을 병행하며 멋지게 사는 엄마들의 책도 빠짐

없이 읽었습니다. 관련 책만 1년가량 읽었더니 출퇴근 없이 돈 버는 사람들의 몇 가지 공통점을 발견했습니다.

첫째, 직원 없이 일합니다. 규모가 좀 커지면 외주 프리랜서를 고용하거나 1~2명의 직원을 채용하지만 대부분 혼자 해결합니다. 그래서 의사결정 속도가 아주 빠르고 수익 대부분을 자신이 챙깁니다.

둘째, 종이 없이 일합니다. 업무를 전부 디지털화합니다. 어디서든 휴대전화 하나만 있으면 업무 처리가 가능하게 모든 것을 연결합니다. 사람과 대면하는 대신 각종 SNS 채널, 카카오톡, 이메일, 구글 드라이브, 에버노트, 줌 등을 활용해 일을 확장하고 수익을 창출합니다.

셋째, SNS를 전략적으로 활용합니다. 자신의 상품과 창작하는 콘텐츠의 특성에 맞는 채널 2~3개를 정해 집중적으로 키우고 활용합니다. 사업체마다 다르지만 하나의 채널만 운영하는 경우는 드물고 보통 블로그, 인스타그램, 유튜브를 가장 많이 활용합니다.

넷째, 말도 잘하지만 글은 더 잘 씁니다. 지식과 경험을 온라인에 잘 녹여내 많은 팬을 불러 모으고, 영향력을 바탕으로 새로운 기회를 창출합니다.

다섯째, 습관적으로 기록하며 성공의 과정뿐만 아니라 실패의 과정도 솔직하게 공개합니다. 자신이 걸어온 과정을 하나하나 세세하게 온라인에 기록하고 공유해 실행의 증거들을 차곡차곡 쌓아 신뢰를 얻습니다.

특장점을 분석해보니 저와 연결되는 몇 가지 부분이 있었습니다. 저는 앞으로도 직원 없이 혼자 일할 예정이고, 코로나19 이전부터 다양한 온라인 도구를 활용해 협업해본 경험이 있었습니다. 2007년부터 꾸준히 네이버 블로그를 관리하고 있고, 2014년부터 약 4년간 페이스북 페이지와 네이버 카페를 운영해 수익을 창출하기도 했습니다. 어릴 적부터 남들 앞에서 말하는 일에 두려움이 없었고, SNS에 글을 쓰는 것도 좋아합니다. 일상의 소소한 무언가를 공유하고 나누는 것을 좋아하는 제 성향이 콘텐츠 크리에이터라는 직업과 잘 맞는다는 확신이 들었습니다.

확신이 생기자 자신감도 생겼습니다. 안개 속처럼 흐릿했던 머릿속이 맑아지기 시작했습니다. 지금 당장 답이 나오지 않는 문제는 나중으로 미루고 해야 할 일부터 천천히 풀어가기로 했습니다. 오랫동안 운영해온 블로그, 수년째 방치해둔 네이버 카페, 앞으로 키워야 할 인스타그램과 유튜브, 팟캐스트 채널을 점검하고 어떤 채널이 저에게 가장 잘 맞는지 꼼꼼히 분석했습니다. 콘셉트를 바꿔가며 모든 채널을 운영해본 후 버려야 할 채널과 집중해야 할 채널을 결정했습니다.

그 결과 네이버 카페 운영은 나중으로 미뤄두기로 했습니다. 몇 년 운영해보니 1인 미디어보다는 커뮤니티에 가까웠고, 다른 회원을 유입시켜 서로 소통하게 하는 시스템을 만들기까지 상당한 시간이 소요될 것이라는 판단이 들었습니다. 지금 제가 집중하며 키우고 있는 채널은 카카오톡 오픈채팅방, 네이버 블로그, 인스타그램, 팟캐스트, 브런치, 유튜브입니다. 이 중 핵심은 카카오톡 오픈채팅방과 블로그인데요. 일찍 일어나고 싶은 사람들을 모아 카카오톡 오픈채팅방으로 안내하고, 네이버 블로그를 기록과 소통을 위한 핵심 채널로 운영하는 전략을 세웠습니다.

그 외 나머지 것은 아예 빼버리거나 여유가 생겼을 때 더 하는 것으로 가닥을 잡으니 노트북 하나만 있으면 언제 어디서든 작업할 수 있는 체계가 잡혔습니다. 부가적으로 짧은 메모를 남길 수 있는 에버노트, 네이버 메모, 외부 파트너와의 공동 작업을 도와주는 구글 드라이브, 줌 애플리케이션을 통해 기록 및 커뮤니케이션 시스템도 탄탄하게 구축했습니다.

도움받을 곳 하나 없는 육아맘이 어디 이 세상에 저 하나 뿐인가요? 아이를 키우며 제 일도 함께 키우는 멋진 엄마들이 세상에 너무나 많습니다. 저라고 못할 이유는 없겠지요. 찾으려 하지 않았을 뿐, 출퇴근 없이 아이를 키우며 돈 버는 방법은 셀 수 없이 많았습니다. 제가 버는 돈에는 세 가지가 없습니다. 바로 출퇴근, 대면, 스트레스입니다.

저의 코어 콘텐츠는 미라클 모닝입니다. 몇 시에 일어나 무엇을 했고, 오늘 느끼는 감정은 무엇인지를 평범하게 기록하기 시작했고, 멘탈 관리에 도움이 되는 책을 읽고 서평을 올리고 있습니다. 이렇게 쌓인 콘텐츠 덕분에 제품이나 도서 협찬, 블로그 원고 포스팅 대행으로 수익을 내고 있습니다. 그러한 수익을 차곡차곡 모아 주식 투자, 소액 수익형 부동산 투자로 조금씩 불리고 있고요.

저는 미라클 모닝을 통해 제가 가진 장점과 주변 환경을 어떻게 활용할 수 있는지를 여러 해 고민했고, 고정적인 수익은 아니지만 온라인 채널을 활용해 좋아하는 일을 하면서 돈을 벌고 있습니다. 새로운 머니 파이프라인을 발견하기까지 새벽 독서가 큰 역할을 했습니다. 모든 것이 새롭게 시작되는 새벽시간, 이 시간을 잘 활용하면 누구나 저처럼 새로운 길을 발견하실 수 있을 것이라 확신합니다. 나도 성장하고 동시에 남도 성장시키는 멋진 기회를 발견할 수 있으리라 확신합니다.

지난날의 과오를
떠나보내며

이제는 과거의 제가 어떤 잘못된 강박을 갖고 살았는지,
앞으로 어떤 태도와 방식으로 살아가야 하는지 명확해졌습니다.

2013년, 회사에서 갑자기 퇴사하게 되었습니다. 그 흔한 아르
바이트도 먼저 잘려본 적이 없던 제가 서른이 넘어 이런 경험
을 하게 될 줄은 몰랐습니다. 마치 용돈과 학비를 지원하며 애
지중지 뒷바라지한 고시생 남자친구에게 처절하게 버림받은
기분이었습니다. 법적으로 보장된 90일의 육아휴직 중 60일만
쓰고 회사의 발전을 위해 열심히 봉사하겠다는 좋은 마음으로
복귀했건만, 전혀 예상하지 못한 일이었습니다. 이직한 지 1년

2개월, 큰아이가 태어난 지 7개월 만에 벌어진 일이었습니다.

갑자기 사회에서 쓸모가 없어진 저는 크게 당황했고 꽤 오랫동안 방황했습니다. 큰아이를 어린이집에 보낸 후 오전 9시부터 목적지도 없이 어딘가로 향해 오후 6시가 되어서야 집으로 돌아오는 일을 반복했습니다. 갈 곳도, 할 일도 잃어버린 상황. 저라는 사람의 존재가 흔들렸고 앞으로 어떻게 살아야 할지 눈앞이 막막했습니다.

31살에 결혼한 여자, 돌도 되지 않은 어린아이의 엄마였지만 연봉을 낮춰 재취업하고 싶지는 않았습니다. 비서로 다시 취업하기에는 나이가 너무 많았고, 어린아이가 있으니 이른 출근과 야근도 불가능했습니다. 그래도 어떻게든 다시 세상으로 나가서 일과의 접점을 찾고 싶었습니다. 아침 일찍 일어나 단정한 옷을 입고, 목에 사원증을 매고 어디든 일하러 가고 싶었습니다. 제 머릿속은 일에 대한 생각뿐이었고 아이를 키우는 문제는 관심 밖의 영역이었습니다. 누구도 강요한 적 없지만 되도록 빠르고 멋있게 저의 사회적 쓰임을 증명하고 싶었습니다.

일하고 있다는 사실을 증명하고 싶다는 조급함은 저를 창업의 세계로 이끌었습니다. 예상치 못한 퇴사와 계획에 없던 창업, 왠지 모르게 인생이 꼬인다는 느낌이 들었지만 다른 방법이 없었습니다. 사업자 등록만 하면 매출이 알아서 척척 일어나는 줄 알았던 철없던 저는 뒤늦게 창업의 세계는 총과 칼이 보이지 않는 전쟁터라는 사실을 깨닫습니다. 여러 번 방향을 바꿔 수익을 낼 수 있는 다양한 시도를 했지만 번번이 벽에 가로막혔고 한계를 느꼈습니다.

저는 더 초조하고 불안해졌습니다. 남들은 수년간 철저히 준비해 죽기 아니면 까무러치는 심정으로 창업하는데 저는 자본금도, 수익원에 대한 별다른 고민도 없이 창업했습니다. 그제야 저라는 사람을 제대로 보게 되었습니다. 제 경력은 회사라는 조직 내에서만 쓸모 있을 뿐, 저는 그것을 제 능력이라 오해하고 있었습니다.

둘째아이를 낳고서도 제 자신을 들여다보지 않았습니다. 육아에만 전념해도 모자랄 판에 어떻게든 다시 일해서 돈을 벌고야 말겠다는 욕망은 사그라지지 않았습니다. 딱히 무슨 일을 하고 싶은지에 대한 계획도, 구체적인 목표도 없었지만 어디라도 좋으니 세상에 나갈 궁리만 했습니다. 결국 저는 취업 제안을 받자마자 입사를 결정했습니다. 37살이라는 적지 않은 나이에 두 아이까지 있는 상황. 출퇴근 거리만 왕복 80km였지만 상관없었습니다. 나름 규모 있는 회사, 괜찮은 연봉을 주는 회사에 다닐 수 있는 기회가 이번이 마지막이라는 생각이 들었기 때문이었습니다.

그렇게 약 2년 동안 어린 두 아이가 곤히 잠든 아침 5시에 출근해 밤 7시에 돌아오는 생활을 했습니다. 고이면 쌓이고, 쌓이면 터진다고 하지요. 딸의 분리불안이라는 예상치 못한 문제가 터졌습니다. 회사, 집 어느 곳에서도 마음이 편하지 않았습니다. 회사에 있으면 아이가 걱정되어서 불안했고, 집에 있으면 단절될지 모르는 경력에 대해 걱정했습니다. 언제까지 이렇게 살아야 하는지, 아이는 어떻게 키워야 하는지 답을 알려주는 사람은 없었습니다. 그렇게 저도, 아이들도, 남편도 지쳐가기 시작했습니다.

제 사회적 쓰임을 증명하는 것보다 중요한 문제는 따로 있었습니다. 아이를 건강하고 안전하게 키우는 엄마의 역할을 수용할 수 있는 지식을 갖추고, 자기계발과 육아를 병행할 수 있는 길을 탐색할 여유가 필요했습니다. 가족 안에서 제 존재감을 다시 정의하고 다양한 역할을 현명하게 융합할 수 있는 지혜를 갖추는 것이 먼저였습니다.

딸의 심리적 문제를 확인한 순간, 정신이 번쩍 들었습니다. 그제야 제가 해야 할 일, 놓친 일이 보이기 시작했습니다. 너무 늦지 않아 다행이었습니다. 퇴사는 생각보다 어렵지 않았습니다. 목에 걸고 다니면 맵시 난다 착각했던 사원증, 그리고 통장에 들어오는 순간 눈 녹듯 사라지는 월급만 포기하면 되는 일이었습니다. 능력 있는 엄마로 사는 게 최선이라 생각했지만 착각이었습니다. 저는 제 앞날만 걱정했을 뿐, 엄마의 조건 없는 사랑과 보호가 필요한 아이에 관해 공부할 생각은 하지 못했습니다. 아직 세상에 나갈 준비가 되지 않은 어린아이에게 외로움과 불안을 먼저 경험하게 했습니다.

육아휴직 1년 차, 딸아이의 상태는 생각보다 심각했고 유치원에 적응하는 데 꼬박 1년이 걸렸습니다. 불안감 때문에 온종일 소변을 참았고 울음이 시작되면 최소 1시간 이상 이어졌습니다. 담임선생님과 눈을 맞추고 손을 잡는 일을 어려워했고, 친구들과 자연스럽게 섞여 노는 것을 힘들어 했습니다. 무언가 실수하거나 미안한 일이 있을 때는 사과하지 않고 엄마 뒤로 숨어 회피하거나 도망치는 일이 많았습니다. 엄마가 아닌 다른 사람에게는 좋다, 싫다는 표현을 일절 하지 않았고 오로지 엄마만 보는 해바라기였습니다.

다행히 제가 곁에서 돌보자 아이는 점점 안정감을 찾아갔습니다. 육아휴직 2년 차, 그럼에도 풀어야 할 매듭이 가득했습니다. 아빠를 포함해 성인 남성과는 눈을 마주치지 않으려 했고, 낯익은 사람이 말을 걸어도 못 들은 척하거나 무시하는 일이 많았습니다. 점심시간에 나온 반찬 중 먹기 싫은 반찬은 하원할 때까지 입에 물고 있다 저를 만날 때 뱉어내기도 했습니다. 여전히 아이는 엄마의 사랑을 필요로 했습니다. 저는 딸아이의 심리적 안정을 위해 모든 에너지를 집중했고, 충분한 사랑을 받은 아이는 다행히 현재 명랑하고 건강하게 잘 자라고 있습니다.

저는 갓 태어난 아이를 돌보는 일과 잠시 뒤로 미뤄놓아도 괜찮은 저의 자아실현 문제를 저울질했습니다. 육아의 가치와 돌봄의 영역을 하찮게 여기는 사회적 분위기, 자존심은 세고 자존감은 낮았던 저의 개인적인 문제 때문이었습니다. 제 어머니처럼 살지 않겠다며 악착같이 일을 붙들었던 그땐, 아이가 제 인생에서 얼마나 중요한 존재인지를 몰랐습니다. 한 번도 경험해보지 못한 엄마라는 역할에 무지했습니다. 모든 일에는 끝이 있고 엄마의 역할도 어느 시점에는 끝난다는 것을 몰랐습니다.

솔직히 말하면 다시 되돌릴 수 없는 젊은 시절을 다른 누군가로 인해, 특히 아이 때문에 희생하고 싶지 않았습니다. 육아는 내 삶을 포기하는 것, 원하지 않은 희생을 해야 하는 것이라 생각했습니다. 아이의 인생도 소중하고 엄마인 제 인생도 소중했기에 자아실현과 양육을 병행하는 것이 현실적으로 불가능하다고 생각했습니다. 하지만 어린아이는 그저 엄마가 자신을 안전하게 지켜주고 사랑으로 돌봐주면 그걸로 충분하다는 것을, 때를 놓쳐버리면 하고 싶어도 할 수 없는 일이 되어버린다는 것을 뒤늦게 깨달았습니다.

이제는 과거의 제가 어떤 잘못된 강박을 갖고 살았는지, 앞으로 어떤 태도와 방식으로 살아가야 하는지 명확해졌습니다. 좋든 싫든 엄마라는 역할과 행복하게 동행하는 방법을 찾아야 한다는 것, 육아는 돈으로도 해결할 수 없고 온 마음을 다해도 칭찬받기 어려운 일이지만 엄마니까 가능한 일이라는 것을 깨달았습니다.

무엇이라도 해야 했고 뭐라도 되고 싶었던 지난날의 저를 멀리 떠나보냅니다. 모든 것이 제자리를 찾았다는 충만한 느낌이 듭니다. 무언가 대단한 걸 해내기 위해 억지 노력을 하지 않기로 다짐합니다. 가족이 아닌 다른 사람에게 제 쓰임을 증명하기 위해 애쓰지 않기로 약속합니다. 아이들, 남편과 함께하는 날들을 차곡차곡 쌓으며 편안하고 자연스럽게 살기로 했습니다. 서로를 따뜻한 눈빛으로 지켜봐주는 것만으로도 가정은 건강하게 유지됩니다.

이제 풀어야 할 마음속 응어리는 사라졌습니다. 새벽의 에너지가 차마 놓지 못했던 수많은 응어리를 녹여낼 수 있는 힘을 선물해준 덕분입니다.

'열심히'
너머의 삶

책에서 읽고 말로만 듣던 행복에 훨씬 더 가까워진 삶을 살고 있습니다.
새벽의 에너지가 저에게 준 커다란 선물입니다.

2018년 10월 가을의 어느 날. 재입사 전 프리랜서로 함께 일
했던 친한 동생을 회사 앞으로 불렀습니다. 평소 업무적으로
는 가깝게 지냈지만 개인적으로 만나는 건 처음이었습니다. 새
로운 일을 제안하는 처지인지라 살짝 긴장도 되었습니다. '거
절하면 어떻게 하지?' '방송 경험도 없는 내가 잘 해낼 수 있을
까?' 하는 걱정이 밀려왔지만 해보고 싶은 일을 실행하고야 말
겠다는 굳은 의지로 첫마디를 꺼냈습니다.

"송 대표, 나랑 팟캐스트 하자."

말로 해도 충분할 것을 급하게 만든 한 장짜리 제안서를 들이밀며 나름대로 구색을 갖추고 브리핑하듯이 조곤조곤 설명했습니다. 다시 1인 기업가로 살아가려는 저와 수년 전부터 1인 기업가로 자리 잡은 그녀에게 반드시 도움이 될 만한 새로운 도전이란 확신이 들었습니다. 저의 진심과 진정성을 보여주고 싶었습니다. 보장내역을 상세하게 설명해주는 보험설계사처럼 오디오 콘텐츠 팟캐스트의 성장 가능성과 장점을 하나하나 설명했습니다. 다 아는 사이에 문서를 내밀고 프레젠테이션을 하는 저와 그걸 또 진지하게 듣고 있는 그녀.

"그래. 얼굴이 나가는 유튜브면 좀 부담스러울 텐데 목소리만 나간다니 괜찮네요. 큰돈 드는 일도 아니고, 시간 투자를 많이 해야 하는 것도 아니니 한번 같이 해봐요."

그렇게 '송프라김프리쇼'는 시작되었고 그녀와 함께 110개의 콘텐츠를 만듭니다. 삶의 전쟁터에서 온몸으로 겪은 두 여자의 1인 기업 생존기는 예상했던 것보다 많은 분의 공감과 응원을 받았고, 오디오 콘텐츠 플랫폼에서 주는 상도 여러 차례 받는 등 좋은 성과를 올렸습니다.

방송을 하면서 서로에 대해 몰랐던 부분도 많이 알게 되었고, 그녀와 저는 이전보다 훨씬 친밀한 사이가 되었습니다. 서로를 대표님이라 부르며 존칭을 쓰던 공적인 관계에서 언니, 동생 하는 사이가 되었고 서로의 삶을 조건 없이 지지하고 믿어주는 끈끈한 동료가 되었습니다.

방송 초기 1년 동안에는 서로 바쁘고 아직 좀 어색함이 있어서 방송만 녹음하고 헤어지는 일이 많았습니다. 그러다 해를 넘겨 2년째가 되고, 그때부터는 녹음 후 둘만의 조촐한 회식 자리를 가졌습니다. 다행히 송프라김프리쇼 당시에는 코로나 19 바이러스가 발생하기 전이라 제약 없이 이야기를 나눌 수 있었고, 소박한 안주와 시원한 맥주 앞에서 숱한 이야기를 나누며 여자들만의 찐한 공감대를 공유했습니다. 기혼인 저와 미혼인 그녀의 이야기는 자연스럽게 여성의 생애주기와 경력 개발로 흘러갔습니다.

실제로 제 인생은 결혼 전과 후로 크게 달라졌습니다. 결혼 전에는 집안 사정이 어려워 누구에게도 의지할 수 없는 처지인지라 열심히 살아도 남들처럼 평범하게 사는 것이 힘들었습니다. 스스로 고달픈 팔자라고 생각했습니다. 삶은 전쟁이고, 내 자리를 지키려면 다른 사람과의 경쟁에서 이겨야 하고, 어설픈 열심히 정도로는 평범해지기 어렵고, 가진 모든 것을 던져 투쟁하듯 살아가야 한다는 강박감이 있었습니다. 조금만 방심하면 지금 누리고 있는 모든 것을 빼앗길지도 모른다는 불안감이 항상 저를 지배했습니다.

그랬던 저에게 결혼은 평탄한 삶의 시발점이었습니다. 결혼 전에는 제 자신을 너무 괴롭히며 살았습니다. 물론 매 순간 최선을 다하는 열정은 결혼생활에도 꼭 필요한 마음가짐입니다. 하지만 가정생활은 무언가를 정해진 시간 내에 완벽하게 해내야 하는 어떠한 임무가 아니었습니다. 매일 반복되는 평범한 일상 속에서 새롭게 생긴 많은 역할을 조화롭게 넘나드는 융통성이 필요했습니다. 더 잘해야 하고, 더 많은 일을 해야 한다며 스스로를 몰아붙이며 살았던 과거의 생활 방식을 고쳐야 할 필요가 있었습니다. 그저 존재 자체만으로도 누군가에게 의미 있는 사람이라는 충만감, 대단한 무언가가 되지 않아도 괜찮은 삶을 살고 있다고 받아들이는 마음의 그릇을 키워야 했습니다.

결혼생활은 만족스러웠지만 그렇다고 살면서 부부 사이에 위기가 없었을까요? 저희도 신혼 초에는 둘 다 평범한 직장에 다니며 주택담보대출을 성실하게 갚는 흔한 신혼부부였습니다. 결혼생활이 낯설었고 큰아이가 너무 일찍 찾아온 탓에 부모가 될 마음의 준비가 덜된 상태였습니다.

그렇다 보니 네가 나갈래, 내가 나갈까를 외치며 수도 없이 다투고 화해하기를 반복했습니다. 서로 잘 맞다고 생각해서 부부가 되었건만 내가 알고 있던 배우자의 모습은 전체의 1/10도 되지 않았습니다. 두 사람이 살아온 서사가 뒤섞이는 과정은 혼돈과 혼란 그 자체였습니다.

그런데도 저는 결혼에 적극 찬성표를 던집니다. 아이를 낳는 순간부터 이 글을 쓰는 바로 오늘까지, 두 아이를 독박육아 중이지만 제 인생에서 가장 잘한 일은 결혼이라고 자신 있게 말할 수 있습니다. 생활비를 줄이기 위해 가계부도 쓰고 아이들 교육비와 노후 대비를 위해 부업도 하며 바쁘게 살고 있지만, 결혼 이후의 삶은 생각보다 괜찮았고 일과 육아를 병행하는 것도 할 만했습니다. 새로운 해가 시작될 때마다 일하는 여자 사람과 아이를 키우는 엄마를 오가며 매번 충돌했지만 어떤 식으로든 결론은 내려졌고, 저는 결혼생활을 통해 여러 모로 성장했습니다.

방송이 끝난 어느 날, 함께 마주보며 이야기를 나누던 송 프라가 저에게 이런 말을 남깁니다.

"언니를 보고 있으면, 결혼 그까짓 거 할 만한 것 같고 행복할 것 같아."

그녀의 눈에 제가 행복해 보인다니 신기했습니다. 열심히 산다는 말은 셀 수 없을 만큼 많이 들었지만 행복해 보인다는 말은 살면서 처음 들어봤습니다. 아기띠를 매고 유모차를 끌며 악바리처럼 일하고 공부하던 지난날이 떠올랐습니다. 새벽 기상을 하면서 마음공부와 육아를 병행하는 지금의 제가 회사를 다니던 시절보다 훨씬 행복해 보인다고 합니다. 성취와 성공에 집착적으로 매달리며 일에 중독되어 있던 시절보다 지금이 훨씬 더 행복해 보인다고 합니다.

일에 미쳐있을 땐 "참 열심히 사시네요."라는 말이 칭찬인 줄 알았습니다. 하지만 언제부턴가 열심히 산다는 말을 들을 때마다 묘하게 기분이 나빠졌습니다. 열심히 살면 행복해질 것이라 믿고 있었는데, 행복도 없고 목적도 없이 '열심히'만 남았던 모양입니다. 진짜 행복이 무엇인지 모르고 살았기 때문이었습니다.

늘 스스로 부족하고, 가진 것이 없고, 이 세상에 나를 지지해주고 도와주는 사람은 없다는 생각에 외로웠습니다. 성취에 목말랐고, 버티고 인고하는 삶이 힘들었습니다. 하지만 새벽을 만나며 제 내면과 깊은 대화를 나눠보니 저는 제가 생각했던 것 이상으로 괜찮은 사람, 가진 것이 많은 사람, 매일 꿈꾸며 사는 행복한 사람이었습니다. 삶에 대한 열정과 애정이 지극하고, 성실하게 노력하며, 남에게 도움을 주는 삶을 살기 위해 애쓰는 사람이었습니다.

약 2년간 함께 팟캐스트를 진행한 송프라는 멋진 배우자를 만나 결혼했습니다. 송프라김프리쇼도 그렇게 아름답게 마무리되었습니다('김프리의 멘탈 튼튼'이라는 새로운 이름으로 팟캐스트는 계속 진행되고 있습니다). 청첩장을 전해주겠다며 가깝게 지내는 지인들과 홍대에서 가볍게 점심을 먹고 헤어진 후, 그녀는 인스타에 '김프리 언니처럼 행복하고 멋지게 사는 것이 목표'라는 글을 남겼습니다. 순간 제 눈시울이 붉어졌습니다. 제가 한 결혼이, 두 아이를 키우며 너무도 평범하게 사는 제 모습이 행복해 보이고 멋져 보인다니. 새벽 기상에서 얻은 가장 큰 성취입니다.

저는 오늘도 미라클 모닝을 통해 책을 읽고 글을 쓰면서 이루고 싶은 일을 하나씩 이뤄가는 삶을 살고 있습니다. 이제는 욕심을 내려놓고 제 자리에서 제가 할 수 있는 일을 하며 소소한 성취에 감사하는 마음으로 살고 있습니다. 가지지 못한 것을, 이루지 못한 것을 갈망하고 애쓰는 마음을 내려놓으니 행복이 찾아왔습니다.

제 삶은 결혼을 기점으로 1차로 성장했고, 미라클 모닝을 통해 2차로 성장했다고 생각합니다. 새벽과 처음 만난 38살과 40대가 된 지금의 저를 비교해보면, 겉으로는 크게 달라진 것이 없지만 이전과는 다른 성숙한 가치관이 마음속에 뿌리내렸습니다. 변화는 저만 느끼는 것이 아니었습니다.

이제는 열심히 사는 것을 뛰어넘어 행복하게 살고 있습니다. 책에서 읽고 말로만 듣던 행복에 훨씬 더 가까워진 삶을 살고 있습니다. 새벽의 에너지가 저에게 준 커다란 선물입니다.

엄마로 살아도
괜찮아

가로 막고 있던 문 하나를 힘겹게 열고 나온 저는 이제 한 남자의 아내,
두 아이의 엄마로 살아가는 일에 자부심을 느낍니다.

별다른 밥벌이 기술이 없는 저의 사회적 위치를 온전하게 보
여주는, 저라는 인간이 세상에 쓰임새가 있다는 명확한 증거가
되는 단어가 있습니다. 과거의 제 정체성을 100% 정확하게 표
현하는 '직장인'이라는 단어입니다. 고된 노동만 아니라면 어
디든 괜찮았고, 무슨 일이든 상관없었습니다. 별다를 것 없는
지극히 평범한 직장인으로서 남들과 비슷한 인생을 사는 것처
럼 연기하며 살았습니다.

꽤 규모 있는 기업의 비서로 일하는 모습은 친구들의 부러움을 사기도 했고, 소개팅에 나가도 다들 반기는 눈치였습니다. 그러다 지금의 남편과 만나 연애를 시작했고, 제 인생 계획에 없던 결혼을 합니다. 감사하게도 결혼을 하자마자 아이가 생겼고 마음의 준비 없이 갑작스럽게 엄마가 되었습니다. 주변에 아이를 키우는 지인도 없었고, 조카도 없었습니다. 그냥 낳아놓으면 누군가가 키워주는 존재, 자연스럽게 알아서 자라는 존재인 줄만 알았습니다.

아이를 낳은 뒤 엄마라는 역할에 무지했던 저는 새로운 역할에 충실하기보다는 직장인이라는 사회적 위치를 지키는 데 몰두했습니다. 결혼 전의 저는 경제적으로 매우 불안했고, 이런 불안은 결혼 후에도 사라지지 않았습니다. 직장이 생계 문제를 해결할 수 있는 유일한 수단이었기에 어떻게든 오래 붙어 있고 싶었습니다. 할 수만 있다면 워킹맘에서 '워킹'만 남기고 싶었지요. 엄마로 살기보다는 '일하는 여자 사람'으로 살고 싶었습니다.

하루 24시간 중 6시간은 잠을 자고, 10시간은 직장에서 일을 하고, 남은 8시간은 육아를 하며 빡빡하게 살았습니다.

하지만 사회생활은 저만 잘한다고 잘되는 게 아니었습니다. 2008년 글로벌 금융위기로 재직 중인 회사에 큰 외환 손실이 발생했고, 회사는 점점 기울었습니다. 영리한 직원들은 희망퇴직을 신청해 빠르게 이직했고, 남은 직원들은 어려운 회사를 되살리기 위해 노력했지만 대규모 구조조정으로 하루아침에 실직자가 되는 경우가 많았습니다.

지극히 멀쩡하고 정상적인 직장생활이 제 의지와는 상관없이 갑자기 끝날 수도 있다는 것을 목도하자 불안감은 더 커졌습니다. 눈앞에서 밥벌이가 사라지는 상황을 보니 언젠가는 나도 내쳐질지 모른다는 불안감이 닥쳐왔습니다. 반드시 미래를 대비해야 한다는 위기감은 아이와 키즈카페에 갈 때도, 가족과 여행을 갈 때도, 밥을 먹을 때도 항상 그림자처럼 제 뒤를 따랐습니다. 그래서 어디를 가든 노트북을 챙겨 공부와 부업에 매달렸습니다.

돈을 벌어 부모님을 가난에서 구제해야 한다는 책임감은 저를 아이만 키우고 살아서는 안 되는 사람으로, 결코 안주해서는 안 되는 사람으로 만들었습니다. 인생에서 돈벌이가 사라지는 일은 절대로 일어나지 않아야 했습니다. 그 누구도 강요하지 않았지만 그렇게 저는 어깨에 짊어진 무거운 짐을 함부로 내려놓으면 안 되는 사람, 여유롭게 살면 안 되는 사람으로 살았습니다. 마음은 부대끼고 체력은 바닥났지만 한결같이 무언가를 열심히 하는 사람, 돈을 벌 수 있는 사람처럼 보이고 싶었습니다.

그러다 회사를 나왔습니다. 이제 수입 0원인 엄마라는 역할만 남은 상황. 엄마인데도 엄마의 역할을 스스로 부정하는 제 모습에서 모순을 느꼈습니다. 저는 돈을 벌고 일을 해야 하는 사람이지 뱃속에서 10개월을 품은 아이를 돌보는 일은 제가 할 일이 아니라고 생각했습니다. 육아는 제 적성과는 맞지 않으니 보육 전문가에게 맡기고 저는 더 생산적인 일을 하며 살아야 하는 사람이라고 생각했습니다. 물론 멋있는 경력을 포기하고 아이와 가족을 위해 사는 대한민국의 엄마들이 대단하고 존경스럽습니다. 하지만 경력을 포기하는 것은 제 인생에서 일어날 수 없는 일이었습니다.

저에게 '엄마'란 이런 이미지였습니다. 돈이 되는 지식이나 기술이 없으니 생활비를 벌어다주는 남편의 말 한마디에 주눅 들고, 아이들을 등교시킨 후엔 특별히 할 일이 없으니 집에서 자거나 누워서 드라마만 보는 삶. 시어머니 전화 한 통에 가슴 철렁함을 느끼며 명절과 김장철이면 시댁에 가서 영혼을 바쳐 일만 하는 삶. 마트에서 유통기한이 임박한 최저가 상품만 찾고, 외출할 일이 없으니 같은 옷을 3~4일씩 입고, 피부는 푸석하고 항상 피곤해 보이며 세상 돌아가는 물정을 몰라 아이들과 남편에게 무시당하는 존재.

엄마로 사는 삶을 생각하면 이런 장면이 그려졌고, 동시에 저를 낳아 사랑으로 키운 제 어머니가 떠올랐습니다. 경제력이 없던 어머니를 원망하고 탓하시던 아버지의 뼈아픈 말들이 잔재로 남아 제 마음속에 맴돌았습니다. 아버지는 집안 형편이 나아지지 않는 이유를 매번 엄마 탓으로 돌렸습니다. 10원 한 장 벌어온 적 있느냐는 아버지의 날 선 질문에 아무 말도 하지 못하시는 어머니의 모습이 제 마음에 큰 벽돌처럼 박혀 있었습니다. 그래서 저는 쉬지 않고 일만 하는 일 중독자로서 사는 삶이 정답이라 생각했고, 두 아이를 낳고 기르면서도 무조건 돈을 벌 수 있는 엄마가 되어야 했습니다.

한때 제 좌우명은 엄마처럼 살지 말자는 것이었습니다. 평생 죽을힘을 다해 자식을 키워냈고, 집안의 모든 재산을 아버지가 주식으로 날려버렸을 때도 끝까지 곁을 지키며 가족을 지켜낸 어머니. 최선을 다해 열심히 살았음에도 고맙다는 따뜻한 말 한마디 들어본 적 없는 어머니처럼 살고 싶지 않았습니다. 한때 결혼은 인생의 나락이고, 저와는 거리가 먼 이야기로만 여겼습니다.

저는 무조건 경제력이 있는 사람이 되어야 했습니다. 가정 경제가 무너졌을 때 네가 한 게 뭐가 있냐는 비난을 받지 않기 위해, 결혼생활이 비극으로 끝날 수도 있다는 최악의 상상을 가정하며 항상 돈을 벌 수 있는 끈을 붙잡으려 애썼습니다. 장사를 해보고 싶었는데 아버지가 허락하지 않아 못해본 게 억울하다는 어머니의 말이 자주 떠올랐습니다. 그래서 남편의 이유 있는 반대를 매번 무시하며 해보고 싶은 것은 어떻게든 다 해보려고 갖은 애를 썼습니다. 아이들이, 가정이 중심인 삶이 두려워 남편에게 기대는 삶을 살지 않으려고 발버둥 쳤습니다.

그런데 살아보니 저는 어머니처럼 살 수 없는 사람이었습니다. 어머니의 뱃속에서 태어났지만 애초부터 어머니와는 다른 인격체이고, 어머니의 남편과 저의 남편은 완벽하게 다른 존재였습니다. 남편은 가정과 아이들에게 충실한 지금의 제 모습을 인정하고 고마워합니다. 요리와 살림이 서툴고 감정 기복이 심한 저에게 맞추며 사는 것도 꽤 힘들 텐데 늘 별말 없이 응원합니다. 집에서 아이들과 함께 있는 시간을 보내는 저를 더 아껴주고 사랑해줍니다. 혹여 제가 아이들을 돌보느라 지치지는 않나 세심하게 살핍니다.

초등학생 때였던 것 같습니다. 옹기종기 앉아 밥을 먹는 시간이면 부모님은 레퍼토리처럼 "내 자식인 너희는, 특히 지현이 너는 꼭 직업이 있어야 해. 네 일이 있어야 해. 가능하면 결혼 같은 거 하지 말고 혼자 살아라."라고 하셨습니다. 부모님은 이런 이야기를 자식들 앞에서 아무렇지 않게 하셨고, 어린 저는 이런 말들이 저를 위한 것이라고 믿었습니다. 부모님의 말씀은 시간이 지나면서 쌓이고 쌓여 부정 암시로 자리 잡았습니다. 결혼을 떠올리면 불행한 삶이 상상되었고, 돈을 벌지 못하면 무시당하며 산다는 것을 사실인 양 받아들였습니다.

자녀는 부모의 말을 100% 믿습니다. 부모가 온 세상이고 우주이기 때문입니다. 어릴 때는 부모님이 무의식적으로 서로에게 내뱉는 날 선 비난과 원망을 걸러 들을 지식이 없었으니까요. 그 파장은 성인이 되어서도 꽤 크게 작용합니다. 하지만 조금만 자기 자신에 대해 관심을 두고 공부해보면 부정 암시가 어떻게 무의식에 둥지를 틀게 되었는지 깨닫습니다. 인생에서 배제해도 되는 잘못된 신념이라는 것을요.

저는 제가 가지고 있던 수많은 부정 암시를 부모님으로부터 받았다는 사실에 적잖은 충격을 받았습니다. 엄마의 삶을 제가 똑같이 되풀이할 필요는 없었습니다. 제 안에 깊이 자리 잡은 망상에서 벗어난 순간, 저라는 사람이 왜 존재하고 지금의 나는 어떤 상황에 있고 지금 당장 할 수 있는 일은 무엇인지를 차분하게 정리할 수 있었습니다.

가로 막고 있던 문 하나를 힘겹게 열고 나온 저는 이제 한 남자의 아내, 두 아이의 엄마로 살아가는 일에 자부심을 느낍니다. 어떤 엄마로 살아가야 하는지에 대한 방향성도 확실해졌고, 어떤 책임감을 느껴야 하는지도 선명해졌습니다. 결혼하고 8년 만에 남편보다 더 잘난 아내가 되려고 했던 저를 버렸습니다. 이제는 가족을 우선순위에 두는 사람으로, 아이들을 키우며 행복을 느끼는 엄마로 살아가는 사람이 되었습니다.

자발적 소녀가장에서
벗어나다

나를 제대로 알고 싶다는 마음이 간절하다면
고요한 새벽시간을 꼭 활용해보세요.

저에게는 한 살 많은 친오빠가 있습니다. 도마 안창호 선생님
께서는 하루라도 책을 읽지 않으면 입 안에 가시가 돋는다고
하셨지만, 저희 남매는 하루라도 싸우지 않으면 입 안에 가시
가 돋을 만큼 눈 뜨고 숨 쉬면 싸웠습니다. 그렇게 지지고 볶으
며 어린 시절을 함께 지내다 오빠는 20살에 군대를 갔고, 저는
21살에 대학 입학을 위해 객지로 떠났습니다.

이후 오빠는 고향에서, 저는 서울과 경기도 여기저기를 오

가며 살아온 지 20년이 지났습니다. 이제는 그 누구보다도 서로를 믿고 의지하는 사이가 되었습니다. 둘 다 결혼을 하고 어린 자녀가 있지만 오빠와 저는 거의 매일 전화 통화를 하고, 서로의 일에 대해 의견을 묻고, 힘든 일이 있을 때는 많은 것을 의논합니다. 가세가 기울면서 둘 다 일찍 사회에 뛰어들어 돈을 벌었기 때문일까요? 힘든 세월을 함께 이겨낸 덕분에 저희 남매는 서로를 동지, 함께 고생한 전우라고 여깁니다.

저의 서울살이도 녹록지 않았지만 오빠의 20대도 참 힘들었습니다. 제대 후 대학을 자퇴한 오빠의 첫 직장은 수입고기 도매상. 냉동 상태로 수입된 고기를 다시 냉동창고에 저장하고 재고를 관리하는 일이었습니다. 말로만 들어서 정확하게 기억은 안 나지만 아침 6시에 나가 온종일 살얼음이 낀 영하의 냉동창고에서 일한 후 저녁 7~8시 사이에 퇴근했다고 해요. 굉장히 고되고 힘든 일이었지만 특별한 대안을 찾기 전까지는 주어진 일에 최선을 다했답니다.

그렇게 2~3년 일하다 안정적으로 오랫동안 즐기면서 할 수 있는 일을 고민했고, 태권도장 창업을 위해 선배가 하는 도장의 지도사범으로 일했습니다. 당시 급여가 월 100만 원이 채

안 되었다고 해요. 그렇게 몇 년을 교통비 정도의 돈을 받으며 일하다 좋은 기회를 잡아 도장을 창업합니다. 초기 관원 수는 10명. 그 정도 인원으로는 생계 유지가 곤란했습니다. 당시 결혼도 한 상황인지라 수입이 안정기에 오르기까지 새벽에 택배 상하차장 아르바이트를 병행했습니다. 하루하루 먹고사는 일로 급급해 그 나이 또래가 누리는 대부분의 것들은 뒤로 미뤄 놓아야 했습니다.

둘 다 사는 게 팍팍했고 월급은 적었지만 그나마 저는 매달 꼬박꼬박 들어오는 월급 덕분에 오빠보다는 안정적인 생활이 가능했습니다. 그래서 저는 오빠가 자리를 잡을 때까지 우리 집 가장 역할은 제 몫이라고 생각했습니다. 월세와 생활비를 제외하면 남는 돈이 별로 없었지만, 월급의 일정 부분을 떼서 부모님 생활비를 보내드렸고 필요하면 소액의 목돈도 융통해드렸습니다.

외롭고 고된 서울살이였지만 버텨내기 위해 할 수 있는 최선의 노력을 다했고 동시에 착한 딸, 듬직한 딸이 되기 위해 노력했습니다. 미혼이다 보니 모든 의사결정을 혼자 해도 큰 문제가 없었기에 여건 되는 대로, 마음 가는 대로 부모님의 삶이

빨리 안정될 수 있게 도와드렸습니다.

그런데 결혼 이후에는 상황이 달라졌습니다. 친정 부모님을 부양해야 한다는 저의 강한 책임감은 남편과 잦은 다툼의 원인이 되었습니다. 신혼 초부터 월급을 받으면 무조건 부모님 생활비를 보내드려야 한다며 바득바득 우겼습니다. 결혼했으면 제 가정을 지키고 가꾸는 것에 신경을 써야 하는데 매번 선을 넘는 저 때문에 부부 사이에 필요 없는 오해들이 쌓이기 시작했습니다. 한 푼이라도 친정에 더 보내고 싶은 제 마음과 그런 저를 보는 남편의 마음이 부딪혀 서로에 대한 불신이 싹트기 시작했습니다.

공무원이었던 아버지는 꽤 오랜 세월 주식 투자를 하셨습니다. 그러다 제가 고등학교 1학년 때 IMF 외환위기라는 큰 사건이 터졌습니다. 아버지는 가족들 모르게 보유하고 있던 부동산과 고금리의 주식 대용금을 담보로 손실금을 메꾸다 어떻게 손 써볼 도리가 없어지자 어머니에게 이 사실을 알렸고, 선택의 여지없이 빌려 쓴 돈을 갚기 위해 희망퇴직을 하셨습니다. 재산 전부가 사라졌고, 빚밖에 남지 않은 부모님의 경제 상태는 날이 갈수록 심각해졌습니다.

돈에 쪼들리는 부모님을 볼 때마다 마음이 아팠습니다. 그래서 자식이지만 부모님께서 의지할 만한 딸이 되고 싶었고, 회사를 안정적으로 다니면서 비교적 평탄한 삶을 산다면 가난의 굴레에서 벗어날 수 있을 것이라 믿었습니다. 가구, 그릇, 생활용품도 여유가 있을 때마다 새로 구매해드렸고, 겨울엔 손 시리게 춥고 여름엔 숨쉬기 어려울 정도로 더운 낡은 조립식 판넬집도 옮겨드리고 싶었습니다. 뚜벅이 생활을 하시는 아버지에게 번듯한 차도 사드리고 싶었고요.

부모님 나름대로 생계를 위해 여러 가지 일을 하셨지만 뜻대로 잘 풀리지 않았습니다. 아버지는 심근경색 수술을 수차례 하실 정도로 건강이 많이 악화되셨습니다. 거기에 당뇨까지 겹쳐 하루에 먹어야 하는 약이 작은 밥공기 하나 정도의 양이었습니다. 이런저런 일을 겪으며 생긴 잦은 부상과 사고로 부모님의 고정적인 소득활동이 더욱 힘들어지자 제 마음은 더 조급해졌습니다.

왜 나는 돈을 벌고 싶은 걸까? 왜 큰 성공을 원하는 걸까? 꽤 오랫동안 생각해봤습니다. 남편의 벌이가 부족한 것도 아닌데, 당장 갚아야 할 큰 빚이 있는 것도 아닌데, 아이들을 남의 손에 맡길 필요도 없는데 무엇이 저를 돈, 돈, 돈 하게 만들었을까요? 새벽 명상을 하며 진지하게 성찰했습니다.

우리는 어느 정도 나이를 먹으면 가정과 사회에서 맡은 책임과 의무를 다하며 살아가야 합니다. 꼬마 시절 유치원에 지각하지 않는 것부터 시작해 성인이 되어서는 많은 약속과 규칙을 지키며 살아갑니다. 마더 테레사 수녀나 마틴 루터 킹 목사처럼 타인의 문제를 직접 떠안으며 다른 이의 삶의 무게까지 기꺼이 짊어지는 사람도 있습니다. 내가 해야 하는 일과 내가 하지 않아서 발생하는 일 두 가지 모두 책임감에서 비롯됩니다. 어쩌면 각자가 가지고 있는 막중한 책임감을 서로 조금씩 나누며 기대어 살아가는 것이 인생이라는 생각도 듭니다.

그런데 저는 너무 많은 책임감에 짓눌려 사는 사람이었습니다. 비정규직에 월 200만 원도 채 벌지 못하는 불안한 직장 생활을 하다 월세방 보증금 300만 원을 모아 좀 더 나은 방을 구해 이사했습니다. 혼자서 견디는 서울살이가 서럽고 힘겨웠지만 부모님의 팍팍한 삶까지 감당해내고 싶었습니다. 누구의 도움도 없이 제가 가진 모든 문제를 끌어안고 해결하고 싶은 마음뿐이었습니다. 그래서 남에게 저를 깎아내리면서도 인정받고 싶었고, 할 수 없는 것도 해낼 수 있는 척 애를 쓰며 살았습니다.

저는 적은 연세는 아니지만 아직 건강하시고 마음만 먹으면 충분히 경제활동이 가능한 부모님을 아무것도 못 하는 어린아이, 제가 키워야 하는 자식처럼 여기고 있었습니다. 취업, 학업, 결혼 모두 스스로 해낸 듬직하고 야무진 딸로만 살아도 충분했는데 제 마음이 너무 앞서 나갔던 것입니다. 누구도 가장이 되라고 한 적은 없었는데 스스로를 '소녀가장'이라고 생각하며 가족의 문제를 짊어지려 했습니다.

미라클 모닝을 통해 깊은 깨달음을 얻은 후, 저는 가족 모두에게 솔직하게 속마음을 털어놓았습니다. 남편에게는 그동안 막무가내였던 나를 이해해주고 친정 부모님께 잘해줘서 고맙다는 말과 함께 이제 회사를 그만두니 매달 정기적인 용돈은 드리지 않겠다고 이야기했습니다. 부모님께는 그동안은 직장인이었고 정기적인 수입이 있어서 매달 생활비 지원이 가능했는데 이제는 남편 월급만으로 생활해야 하니 생활비를 드리기가 현실적으로 어렵다고 말씀드렸습니다.

저는 여전히 부모님께 최선을 다하며 살고 있습니다. 이전과 달라진 게 있다면 제가 느끼는 책임감의 무게입니다. 앞으로도 저는 부모님의 건강하고 안락한 노후를 위해 최선을 다할 것입니다. 그저 책임감의 무게중심을 남편과 아이들, 시부모님 쪽으로 살짝 옮겼을 뿐입니다. 한쪽으로 과도하게 기울어져 있던 시소를 수평으로 맞추니 자연스럽게 남편과의 다툼도 줄어들었습니다.

저는 매일 바빴습니다. 암담한 미래를 바꾸기 위해 해야 할 일들이 너무나도 많았습니다. 회사도 열심히 다녀야 했고, 죄책감을 덜어내기 위해 육아와 살림도 완벽하게 해내야 했고, 퇴사 이후의 삶을 준비하기 위해 부업도 해야 했습니다. 부모님에게는 기댈 수 있는 능력 있는 딸, 아이들에게는 최고의 엄마, 남편에게는 모든 것을 완벽하게 해내는 멋진 아내가 되고 싶었습니다.

제 안에는 아무렇게나 꼬이고 꼬인, 어디부터가 시작인지도 모르는 실타래가 셀 수 없이 많았습니다. 이 실타래를 하나씩 풀기 위해서는 고요하고 편안한 시간이 꼭 필요했습니다. 누구도 저에게 완벽한 슈퍼우먼이 되라고 요구하지 않았습니다. 스스로를 닦달하며 사는 제 마음의 문제였습니다. 새벽은 저에게 그 누구도 방해하지 않는 독립된 시간을 선물해줬고, 마침내 저는 실타래를 풀 수 있는 시작점을 찾았습니다.

이제 저는 더 이상 소녀가장으로 살지 않습니다. 부모님의 삶을 전적으로 책임져야 한다는 생각도 버렸습니다. 여전히 부모님은 저에게 소중한 존재지만 결혼 전과는 상황이 달라졌다는 것을 인정합니다. 돌봐야 할 아이가 있는 엄마의 역할, 저와 평생을 함께 살아가기로 약속한 남편의 아내로 사는 삶도 제 인생에서 중요한 한 부분이라는 것을 이제 온 마음으로 받아들입니다.

저는 미라클 모닝을 통해 저라는 사람을 찬찬히 뜯어보고, 제자리가 아닌 데 있는 문제들을 다시 올바르게 재배치할 수 있는 기회를 얻었습니다. 새벽 기상과 독서, 글쓰기로 버릴 것은 과감하게 버릴 수 있는 용기와 꼭 필요한 것을 재발견할 수 있는 혜안을 얻었습니다.

일찍 일어나는 행위가 어느 날 갑자기 우리를 행복하게 만들어주지는 않습니다. 있는지도 모르고 살았던 무의식 속 콤플렉스를 하루아침에 극복하게 해주는 것도 아닙니다. 하지만 어제와 다른 내가 되고 싶다면, 나를 제대로 알고 싶다는 마음이 간절하다면 고요한 새벽시간을 꼭 활용해보세요. 새로운 삶이 열리는 또 하나의 문이 될 수도 있습니다.

화려하고 헛된
꿈에서 깨다

깨달음을 얻기까지는 꽤 오랜 시간이 걸렸지만,
생각을 바꾸자 일상의 모든 것이 달라졌습니다.

자존감과 자존심, 책과 방송에 많이 등장하는 단어입니다. 언뜻 보기에 두 단어가 비슷한 의미를 지녔다고 생각할 수 있지만 단어의 의미를 정확하게 파악해보면 큰 차이가 있다는 걸 알 수 있습니다.

자아존중감(自我尊重感)의 줄임말인 자존감(自尊感)은 자신이 사랑받을 만한 가치가 있는 소중한 존재이며 어떤 성과를 이뤄낼 만한 유능한 사람이라고 믿는 마음입니다. 내가 나를 어떻게 생각하느냐가 핵심인데요. 자존감은 굉장히 주관적입니다. 내 능력을 높게 평가하는 절대적 근거는 없지만 자존감의 높낮이는 학업, 일, 대인관계 등에 대단히 큰 영향을 미칩니다. 그래서 자기계발 전문가들은 자존감을 높여야 한다는 이야기를 많이 합니다. 내가 나를 긍정적으로 바라봐야 자신감이 생기고 모든 일을 주도적으로 이끌어나갈 수가 있으니까요.

그럼 자존심(自尊心)은 어떤 의미일까요? 자존심의 사전적 의미는 '남에게 굽히지 아니하고 자신의 품위를 스스로 지키는 마음'입니다. 자존감과 자존심은 자신의 긍정적인 부분에 큰 의미를 둔다는 점에서는 공통점이 있는데요. 자존감은 있는 그대로의 '자신'을 긍정하는 반면, 자존심은 좀 더 '경쟁'에 초점이 맞춰져 있습니다. 타인과 자신을 동시에 바라보고 비교하고 대조하면서 나라는 사람의 능력과 성취 정도를 파악하는 것이지요.

저는 제 자신을 꽤 긍정적으로 바라보며 살았습니다. 어릴 때부터 빠른 상황 판단과 타고난 재능으로 목표 달성의 즐거움을 일찍 알고 있었습니다. 재능이 없는 영역은 꾸준하고 집요한 노력으로 원하는 목표까지 도달했고, 어떤 일이든 마음먹고 집중하면 해낼 수 있다는 믿음이 강했습니다. 스스로 무엇이든 해낼 수 있는 사람이라 확신했습니다.

그런데 저는 평균 이상으로 자존감이 너무 높았고, 자존심도 강했습니다. 삶의 모든 영역에서 남보다 무조건 뛰어나야 했고, 세상을 바꿀 수 있는 큰일을 해내고 싶었으며, 충분히 그렇게 할 수 있는 사람이라고 생각하며 살았습니다. 때로는 굉장히 오만하기도 했습니다. 그래서 평범하게 살아가는 저를 인정할 수 없었고 평범한 삶이 싫었습니다. 끊임없이 무언가를 해내야 한다는 압박감에 오랫동안 시달리다 보니 하루하루가 불안으로 가득 찼고, 놀 줄도 쉴 줄도 모르는 사람이 되어갔습니다.

A라는 일을 하다 보면 B라는 일이 생각났고, B라는 일을 하다 보면 C라는 목표를 달성하기 위해 해야 할 일이 계속 떠올랐습니다. 저보다 앞서가는 모든 사람이 제 경쟁 상대였습니다. 경쟁자가 누구인지 딱 꼬집어 대답할 수는 없었지만 가상의 경쟁자가 항상 저를 지켜보고 있다고 생각했습니다. 그렇게 스스로를 계속 구석으로 몰아넣고 있었습니다.

직장에서는 절대 없어서는 안 될 유능한 인재, 집에서는 육아와 살림과 요리를 완벽하게 해내는 슈퍼맘, SNS에서는 남들의 부러움을 사는 인플루언서이자 똑똑한 크리에이터가 되는 것이 목표였습니다. 그렇다 보니 매 순간을 영화, 드라마처럼 살아야 했습니다.

40대 아줌마, 지극히 평범한 일상을 사는 제 모습을 인정할 수가 없었습니다. 화장실 청소를 하고, 음식물 쓰레기를 버리고, 빨래를 정리하고, 아이들과 부대끼며 사는 삶은 제가 할 일이 아니었습니다. 아이 대신 학원 가방을 2~3개씩 들고 다니며 시간 맞춰 픽업하는 일 따위는 제 인생에서 절대 없을 것이라 여겼습니다. 저는 목표와 꿈이 있고 성공을 향해 달려가는 열정 있는 여자니까 이런 일은 하지 않아도 된다고, 성장하는 삶에 관심 없는 엄마들이나 하는 일이라고 하찮게 여겼습니다.

매일 아침 말끔한 정장 차림으로 중형 세단을 타고 출근해 경제신문을 읽고 비즈니스 미팅으로 바쁜 하루를 보내고 집에 돌아오는 삶. 그러한 삶이 제 일상이길 원했습니다. 특별할 것 없는 경력을 가진 여자였지만 모든 것이 완벽하고 화려해야 했습니다. 세상을 바꿀 만한 특별한 능력과 지식을 갖추기도 전에 비현실적인 상상부터 했고, 스스로를 '특별한 사람'이라고 여기는 생각의 늪에 깊게 빠져 있었습니다.

물론 자신을 대단한 일을 해낼 수 있는 사람이라고 믿는 것은 중요합니다. 하지만 그 대단한 일이 추상적이고 막연하다면 그것은 스스로를 망치는 망상에 불과합니다. 아무것도 하지 않으면서 장밋빛 미래만 꿈꾼다면 평범한 자신의 모습이 너무 초라하게 느껴질 것입니다. '나는 큰일을 할 사람인데.' '내가 이렇게 살 사람이 아닌데.' 하며 바꿀 수 없는 과거를 탓하고 타인을 원망합니다. 지금 누리고 있는 모든 것을 하찮게 여기고, 감사할 줄 모르는 삶을 산다면 하루하루가 불행할 것입니다.

지금은 저를 비교적 객관적으로 볼 수 있습니다. 자존감도 높고 자존심도 센 사람이라는 것을 인정하니 과거의 못난 저를 이해할 수 있었습니다. 꽤 오랜 시간 이 좋은 에너지를 저를 힘들게 하고 괴롭게 하는 부정적인 방향으로 쓰고 있다는 것도 깨달았습니다. 깨달음을 얻기까지 숱한 어려움이 있었지만 생각을 바꾸자 일상의 모든 것이 달라졌습니다. 똑같은 칼일지라도 요리사의 칼은 맛있는 음식을 만드는 데 쓰이고, 강도의 칼은 사람을 상하게 합니다. 불안은 사람을 망치기도 하지만 사람을 성장시키는 원동력이 되기도 합니다. 감정과 생각도 똑같습니다. 내가 어떻게 쓰느냐에 따라 인생의 방향을 바꿀 수 있습니다.

저는 애플의 스티브 잡스, 아마존의 제프 베이조스처럼 세상을 바꿀 만한 놀라운 일을 기획하고 만들어내는 대단한 혁신가는 아닙니다. MKYU 김미경 대표처럼 수천수만 명의 사람을 이끌 수 있는 큰 그릇을 지닌 사람도 아닙니다. 하지만 하루하루를 체계적으로 계획하고 온라인에 꾸준히 기록하면서 취향과 관심사가 비슷한 이들에게 제가 가진 지식과 노하우를 나누는 일에 즐거움을 느끼는 사람입니다.

사람을 행동하게 하는 원리에 대해 관심이 많고 이 분야의 공부가 재미있습니다. 깊은 공부와 반복된 훈련으로 내공이 쌓이면 저도 많은 사람에게 좋은 영향력을 전달하는 사람이 될 수 있다는 진짜 믿음, 실현 가능한 미래를 그리며 살기로 마음 먹었습니다.

비싼 돈을 써서 전문가의 도움을 받는 것도 좋은 방법이지만, 저는 스승을 찾기 전에 자기 자신에 대해 먼저 공부할 것을 권합니다. 저 역시 처음에는 제가 어떤 사람이고, 어떤 경험을 했고, 그 경험에서 쌓인 심리적 자산은 무엇인지 파악하는 데 집중했습니다. 마음의 장벽, 트라우마, 고정관념, 장단점, 강점과 약점 등과 직접 마주하기 위해 새벽시간을 이용했습니다. 새벽 기상을 통해 저는 제 안에 있던 거칠고 못난 마음들을 차분하게 다스릴 수 있었습니다.

새벽 일찍 일어나 읽은 책 속의 문장 덕분에 제 일상이 특별하고 대단해야 한다는 강박에서 벗어날 수 있었습니다. 화려하지만 헛된 꿈에서 깨어나니 세상이 다르게 보입니다. 제 그릇의 크기를 정확하게 본 후 평범함을 인정하고 받아들이니 잔잔한 일상 속에서 경험하는 모든 것이 글쓰기 소재가 되고 방송 콘텐츠가 되었습니다.

평범함을 비범함으로 만드는 비밀은 바로 일상을 행복하게 살아가는 데 있었습니다. 미라클 모닝을 계기로 사람과 세상을 다르게 볼 수 있는 새로운 프레임을 만들 수 있었고, 지나치게 높은 기준으로 타인의 인정에 기대어 사는 삶에서 벗어날 수 있었습니다. 망상을 깨고 현실로 나온 저는 완전히 새로운 사람이 되었습니다. 일찍 일어나는 습관 하나로 저는 다른 삶을 살게 되었습니다.

　미라클 모닝을 통해 저 같은 평범한 엄마도 최소한의 시간과 비용으로 엄청난 변화를 만들어냈습니다. 이 글을 읽는 여러분도 충분히 가능하다고 생각합니다. 이제 저는 헛된 꿈에서 벗어나 지금 바로, 지금 여기에서 할 수 있는 일에 집중하며 평온하고 평범한 삶을 살아가고 있습니다.

새로운 세상과
마주할 용기

마음에 담아둔 덩어리 하나를 툭 털어버리니
새로운 세상이 펼쳐졌습니다.

저는 호기심이 많은 사람입니다. 해보고 싶은 일도 많고 궁금한 것도 많습니다. 영역을 넘나들며 다양한 일을 하는 것을 좋아하고 그 덕에 액수의 크기와 상관없이 수익을 창출하는 구조도 여러 가지입니다. 실제로 네이버 블로그 애드포스트, 홈쇼핑 소비자평가단 패널, 공공기관 국민위원 활동, 블로그 포스팅 대행, 교육 콘텐츠 기획 및 운영, 오디오클립 운영, 중고물품 판매, 주식 투자 등으로 서울 소재 오피스텔 한 채 임대료

정도의 수익을 창출하고 있습니다.

집에도 취미활동을 위한 다양한 도구가 많습니다. 아이패드에 있는 가라지밴드 애플리케이션으로 비트도 만들고, 디지털 피아노를 치면서 노래도 부릅니다. 한때 푹 빠져 있었던 스피닝을 집에서도 즐기고 싶어 스핀자전거도 샀습니다. 단지 내 GX룸에서 줌바도 배우고, 체형 교정과 근력 향상을 위해 필라테스도 하고, 최근에는 골프도 시작했습니다. 책도 많이 읽고, 브런치에 글도 쓰고, 디지털 드로잉 책을 보면서 프로크리에이트 애플리케이션으로 가끔 그림도 그립니다. 음악, 체육, 미술 다방면에서 취미 부자가 확실합니다.

제가 하는 일상의 많은 일을 SNS에 기록하며 온라인 빌딩도 열심히 올리고 있습니다. 블로그와 인스타그램에 새벽 기상, 영어 공부, 도서 리뷰, 운동, 육아, 맛집 등을 주제로 포스팅을 하고 다양한 사람과 소통합니다. 취미로 즐기는 일이 수익으로 연결되니 이보다 더 좋은 부업이 또 있을까요?

그런데 어느 순간, 제가 좋아하는 것들만 기록하는 것이 과연 무슨 가치가 있나 생각해봤습니다. 사람들의 관심을 받고 수익을 창출하려면 당연히 그들에게 도움이 되는 지식과 정보를 전달해야 하는데, 저는 그들이 원하는 것을 제공하지 않으면서 콘텐츠로 돈을 벌기를 바랐습니다. 일상을 기록하는 것만으로는 성장에 한계가 있었고, 자기계발 및 멘탈 관리 전문가로서 차별화를 두기 위해서는 다시 한번 콘텐츠를 점검할 필요가 있었습니다.

우선 제 인스타그램이 다른 사람들에게 어떻게 보이는지, 저를 보는 타인의 시선이 궁금해졌습니다. 제가 추구하는 삶의 가치를 온라인에 남기고 전달하는 크리에이터가 되기로 마음먹었으니 대안 없는 비판보다 건설적인 피드백이 필요했습니다. 그래서 제3자의 의견을 듣기 위해 제 블로그 스승님이자 평소에도 진심 어린 조언을 자주 주고받는 글 쓰는 마케터 카루님에게 조언을 구했습니다. 카루님은 마치 기다렸다는 듯이 망설이지 않고 답변을 주셨습니다.

"열심히 산다는 칭찬을 듣고 싶은 마음이 많이 느껴져요. 일면식도 없는 온라인 친구들에게 칭찬받기 위해 열심히 사시는 건 아니죠?"

질문에 질문으로 대답하는 카루님. 순간 심장이 쿵 내려앉았습니다. 그러면서 카루님은 "김프리님의 인스타그램을 한마디로 정의하면 '열심히 살고 있으니 제발 저를 인정해주세요.'라고 하시는 것 같아요." 하는 말로 제 머릿속을 말끔하게 정리해주셨습니다.

수년간 인스타그램을 성실하게 잘 운영해왔다고 생각했지만 콘셉트에 일관성이 없었고 새벽 기상, 독서 리뷰, 개인 일상을 하나의 계정에 뒤죽박죽 올리다 보니 정체성도 불분명했습니다. 이것저것 잡다하게 하는 것은 많은데 실제로 브랜딩과 매출을 일으키는 데 도움이 되는 콘텐츠는 몇 없었습니다. 반면 꾸준히 브랜딩과 수익화라는 두 마리 토끼를 잡는 데 성공한 사람들은 달랐습니다. 그들을 통해 저는 제 자신의 게으름을 다시 한번 확인했습니다.

실제로 저는 사람들에게 좋은 영향력을 전달하고 싶었지만 현실적으로 도움을 주는 교육과 서비스를 만들어 홍보하고 판매하는 일은 귀찮고 부담스럽게 느꼈습니다. 거래에 능한 장사꾼처럼 보이고 싶지 않은 양가감정 때문에 그동안 수도 없이 읽고 배운 지식을 제대로 활용하지 못한 것입니다.

요즘은 분야를 넘나들며 자기가 좋아하고 잘하는 것을 온라인상에서 자유롭게 표현하는 사람이 정말 많습니다. 각자의 개성과 장점을 보기 좋게 포장한 서비스와 상품을 판매하기도 합니다. 랜선 이웃과 진정성 있게 소통하며 좋은 제품을 만들거나 소개하는 일로 수익을 창출합니다. 하지만 저는 돈이 오가는 거래가 불편했고, 제가 만든 콘텐츠가 누군가에게 돈을 받고 판매할 만한 수준이 아니라고 생각했습니다. 은연중에 제 지식과 경험의 가치를 평범하다 못해 하찮은 것으로 생각하고 있었습니다.

제 목표를 이루기 위해서는 시간관리, 동기 부여, 습관 만들기를 도와주는 글과 이미지로 사람들과 소통해야 했습니다. 미라클 모닝이라는 시간관리 방법을 널리 알리고 많은 사람과 함께하는 커뮤니티를 만들기 위해서는 실질적으로 도움이 되는 콘텐츠를 만들어야 했습니다. 하지만 그동안 저는 정해진 목적지 없이 그냥 무언가를 열심히 하는 사람이었습니다. 그러다 보니 제 인스타그램은 새벽 기상, 독서 리뷰, 육아, 운동, 맛집 게시물이 뒤섞인 혼돈의 장이 되었고 정작 제가 전달하고자 하는 메시지는 아무에게도 전달되지 않았습니다.

여러 방면에서 활동하며 지루할 틈이 없는 삶을 살고 있지만 저는 의외로 남의 눈치를 많이 보는 사람이었습니다. 누군가의 인정에 목마른 사람, 부족한 사람, 여전히 더 배워야 하는 사람이라고 생각했습니다. 사람들 앞에 서서 주목을 받기를 좋아했지만 마음 한편은 늘 불안했습니다. 사람들이 나를 뭐라고 생각할까? 혹시 내 흉을 보지는 않을까? 내가 모르는 것을 질문하고 도움을 요청하면 어떻게 해야 할까? 늘 고민하고 또 고민했습니다. 저의 부족함과 한계가 밖으로 드러날까 두려웠습니다.

그래서 제 사진, 특히 얼굴을 인스타그램에 올리는 것이 무서웠습니다. 저는 평범한 외모에 평균 키와 몸무게를 유지하고 있는 40대 여자입니다. 셀카 중독자, 공주병, 관종, 할 일 없이 인스타그램만 하는 한가한 아줌마로 보일까 겁이 났습니다. 그런데 역으로 생각해보니 저는 셀카를 올리는 랜선 이웃들을 보며 한 번도 그들을 관심에 목매는 사람, 한가한 사람이라고 생각해본 적은 없었습니다. 그냥 지나치게 남의 시선을 의식했던 것뿐이었습니다.

저는 출퇴근 없이 온라인 채널을 통해 제 사업을 하며 평생 현역으로 일하는 것이 목표입니다. 이 목표를 실현하려면 제 콘텐츠를 당당하게 홍보하는 자신감은 필수입니다. 온라인 인맥들에게 신뢰감을 주는 이미지를 구축하고 진정성 있게 소통하며 다가가야 합니다. 글, 이미지, 무형의 서비스, 유형의 상품을 온라인 채널을 통해 성공적으로 유통하려면 판매자에 대한 믿음과 신뢰는 필수이기 때문입니다.

제가 운영하는 SNS가 곧 제 영업장이고 판매 상품은 저라는 사람입니다. 그러니 가게 주인이 자기 상품을 자주 올리고, 고객들과 즐겁게 소통하는 것을 흉볼 사람은 애초에 없었습니다. 제가 우려하는 상황이 벌어진다 해도 저는 제 할 일을 열심히 한 것일 뿐, 토를 다는 사람과는 상대하지 않으면 그만이었습니다.

이제는 인스타그램에 제 얼굴을 당당하게 올릴 수 있고 주도적으로 사람들을 모으며 제가 배우고 느꼈던 많은 것을 공유할 수 있습니다. 공포와 두려움은 상상일 뿐이었습니다. 지금까지 저에게 날카로운 말을 내뱉은 사람은 단 한 명도 없었습니다. 제가 창작하고 만든 콘텐츠와 서비스가 삶에 도움이 되었다는 긍정적인 피드백을 받자 자신감은 더욱 커졌고, 보다 더 잘할 수 있다는 용기도 생겼습니다.

앞으로도 저를 외부에 자주 드러내며 랜선 친구들과 자유롭게, 더 다양한 방식으로 소통하기로 했습니다. 남들도 타인의 시선을 생각하지 않고 당당하게 자신을 표현하며 사니 저도 그렇게 살기로 했습니다. 저는 이제 눈치를 봐야 할 직장 상사나 동료도 없고, 활동에 제약을 거는 회사도 없습니다.

인스타그램에 내 얼굴을 올리고 싶다는 아주 사소하고 지극히 당연한 실행을 계정 개설 4년 만에 해냈습니다. 마음의 벽 하나를 무너뜨리는 일은 생각보다 오래 걸렸습니다. 그러나 결국 미라클 모닝과 새벽 독서의 힘으로 한 발짝 앞으로 나아갈 수 있었습니다.

하고 싶은 일만 하고 살아도 모자란 날들이니 더 재미있고, 의미 있고, 가치 있게 살아가면 됩니다. 사람들은 남의 인생에 별 관심이 없습니다. 남들은 내 눈치를 안 봅니다. 그러니 저도 남의 눈치를 볼 필요가 없습니다.

매일 인스타그램에 올릴 글을 쓰고, 셀카를 찍습니다. 도서관, 카페, 집, 헬스장, 필라테스샵에서 제 일상을 기록하고 좋은 습관을 인증합니다. 긍정 에너지를 주는 양질의 콘텐츠를 만들기 위해 오늘도 노력하고 있습니다. 마음에 담아둔 덩어리 하나를 툭 털어버리니 새로운 세상이 펼쳐졌습니다.

그리하여 나는
무엇이 달라졌나

내려놓고 비우면 인생에서 가장 중요한 것들로
그 빈 공간이 채워집니다.

저는 저를 소개할 때 자신 있게 '동기 부여 요정'이라는 표현을 씁니다. "김프리님, 마흔이 넘은 것으로 알고 있는데 요정이라니요?"라고 말씀하시는 분도 계실 겁니다. 괜찮습니다. 제 인생에서 나이라는 숫자는 빼고 살고 있거든요.

　요정이 되려면 특별한 조건이나 자격이 있는 걸까요? 동화에 나오는 요정들이 모두 날씬하고 실제 나이보다 어려 보이는 외모를 소유하고 있는 건 맞습니다. 저도 동년배들보다 훨씬 더 활력 있고 에너지 넘치게 살고 있으니 자격은 충분한 거 아닐까요? 또 이 책을 통해 꿈을 이루는 데 도움이 되는 작은 희망의 불씨를 퍼트릴 수 있다면 인간 세계에서 요정의 자격은 그것만으로 충분하다고 생각합니다.

우리는 숫자에 예민합니다. 시간, 학년, 나이, 학번, 연봉, 매출, 조회수, 순이익, 성적 등 살면서 만들어지는 결과가 대부분 숫자로 표현되기 때문입니다. 이 숫자라는 녀석은 삶에 꼭 필요한 것이고 대부분 좋은 의도로 사용됩니다. 필요한 곳에 적절히 잘만 활용하면 많은 인원을 통제하고, 질서를 유지하고, 규칙을 만들고, 기간도 정하고, 목표를 달성하는 데 도움을 줍니다. 올림픽과 월드컵에서 선수들의 기록을 측정하는 이유, 정부가 코로나19 감염자 수를 언론에 공개하는 이유 역시 큰 틀에서 보면 비슷합니다.

그런데 이렇게 유용한 숫자를 필요한 곳에 적절히 잘 쓰면 좋은데, 우리는 대개 필요 없는 영역에까지 무의미한 숫자를 끌어들여 자기 자신을 압박하고 몰아붙입니다. 성과를 측정할 필요가 없거나 측정이 무의미한 경우에도 숫자를 앞세워 자신과 타인을 괴롭게 만듭니다. 그래서 저는 당분간 제 인생에서 필요 없는 몇 가지를 제거하기로 했습니다(정확히는 어떠한 '잣대'에 연연하지 않기로 했습니다). 어떤 것을 마음속에서 지웠을까요? 천천히 이야기해보겠습니다.

1. 나이

어떻게 살아도 시간은 흐르고 누구나 나이를 먹습니다. 늙지 않는 인간은 없습니다. 문제는 나이 때문에 도전해보고 싶은 일 앞에서 주저하는 경우가 많다는 것입니다. 물론 채용 나이나 정년과 같은 공식적인 나이 제한은 우리 힘으로 어쩔 수 없는 부분입니다. 그런데 이러한 제한이 없는 영역에서도 나이를 끌어들여 장애물처럼 여기고 있지는 않나요?

"이 나이에 이걸 배워 뭐에다 쓸까?" "지금 시작하기엔 너무 늦은 게 아닐까?" 하는 고민을 해본 적 없나요? 나이는 상대적인 개념입니다. 40대는 60대 어르신 무리에 가면 아직 인생을 덜 산 청년, 팔팔하고 젊은 청춘입니다. 지금 제 나이가 40대인데, 부모님 연배 정도 되는 인생 선배님들이 저를 보면 어떻게 생각하실까요? 아직 너무 어린 나이, 무엇이든 할 수 있고 무엇이든 새롭게 시작할 수 있는 파릇한 나이라고 생각하실 겁니다.

요즘엔 중고등학생들도 진로를 바꾸고 싶은데 나이가 너무 많아서 늦었다고 습관처럼 말합니다. 생각해보면 저 역시 20대 때 비슷한 말을 자주 했습니다. 20년도 더 지난 40대인 지금도 다시 시작하기에 너무 늦은 건 아닌지를 고민하며 똑같은 불안을 느낍니다. 분명 50대, 60대가 되더라도 지금과 비슷한 생각을 할 겁니다.

도전하지 못하는 진짜 이유가 정말 나이 때문인가요? 진실을 말하기엔 치부를 드러내는 것 같아 매우 불편합니다. 그래서 가장 쉽고 만만한 핑계가 나이입니다. 핑계가 어설프니 시간이 지나면 또 후회가 밀려옵니다. 망설이는 시간 동안에도 우리는 나이를 먹고 있고, 나이를 핑계로 도전하지 않은 시간은 다시 주워 담을 수 없습니다.

그래서 저는 이제부터 나이를 머릿속에서 지우기로 했습니다. 저를 행복하게 만드는 취미라면 무엇이든 배우기로 했고, 해보고 싶은 아이디어가 떠오르면 언제든 실행하기로 했습니다. 즐겁고 역동적으로 사는 모습, 행복한 기운을 주변에 퍼트리는 저를 보며 단 한 사람이라도 용기를 얻을 수 있다면 그

것으로 충분합니다.

　모든 일에는 다 때가 있다고 합니다. 그런데 그 '때'를 정확히 알고 사는 사람은 없습니다. 무언가에 열심히 몰두하다 잠깐 뒤돌아보면 사람들이 말한 그 '때'가 왔었던 것 같기도 하고, 우연히 그 시기에 많은 일들이 주변 사람들의 도움으로 잘 풀렸던 것 같은 기분도 듭니다. 적당한 때, 적당한 나이란 없습니다. 오늘 하지 않으면 내일도 없습니다.

2. 시선

　많은 사람이 일상을 공유하고 즐거운 소통을 위해 가볍게 SNS를 합니다. 하지만 특별한 목적이 없다 해도 '조회수' '좋아요' '댓글' '공감' 등에 민감해집니다. 타인의 관심과 애정을 받으면 기분이 좋아지고 내가 만들어 올린 콘텐츠가 반응이 좋은지 나쁜지 궁금하기 마련입니다.

　저 역시 마찬가지입니다. 저는 퍼스널 브랜딩을 위해 SNS를 합니다. 사람들의 관심과 인정을 즐기는 소위 '관심병'도 살짝 있습니다. 그래서 방송을 올리거나 블로그, 인스타그램에 포스팅을 하면 몇 명이나 내 이야기를 듣고 읽었을까 수시로 확인합니다. 블로그 이웃이나 유튜브, 팟캐스트의 구독자 수, 인스타그램의 좋아요 수가 늘지 않으면 가끔 우울하기도 하고 스트레스를 받기도 합니다.

특히 블로그로 대기업 직장인 연봉만큼 소득을 올렸다는 누군가, 인스타그램으로 연 1억 원 이상의 매출을 올렸다는 누군가를 보면서 '왜 나는 안 되는 걸까?' 수시로 생각하며 자책하기도 했습니다. 1일 1천 명 이상 방문자 수를 유지했던 네이버 블로그는 로직이 바뀐 이후 200~500명 사이로 뚝 떨어졌고, 이웃 수도 더 이상 늘지 않았습니다. 미라클 모닝을 시작하면서부터 작정하고 키운 인스타그램 역시 5천 팔로워에서 정체가 길어지자 속이 상하더라고요.

팔로워 수를 늘리기 위해 콘셉트를 수도 없이 바꾸고, 1만 팔로워를 만드는 비결을 알려준다는 비싼 강의를 수강하기도 했습니다. 강사가 알려준 대로 열심히 실천해봤지만 별다른 성과는 없었습니다. 알고리즘의 선택을 받아 명성을 얻고 방송 출연의 기회까지 얻은 사람들을 보면 부럽고 저도 그렇게 되고 싶었습니다.

하지만 단순히 외형만 커진다고 해서 충분할까요? 팔로워

중에 저를 진심으로 응원하는 사람이 몇 명이나 있을까요? 현실에서도 마찬가지입니다. 아는 사람이 아무리 많아도 어려운 일이 있을 때 편하게 도움을 청할 수 있는 사람이 없다면 그 대단한 인맥이 무슨 소용이 있을까요? 살아가는 동안 얕고 넓은 관계가 중요할 때도 있지만 저는 좁더라도 깊고 진한 관계가 훨씬 더 좋습니다.

이젠 방문자 수, 팔로워 수에 대한 욕심을 내려놓았습니다. 숫자보다는 콘텐츠의 질과 이웃들과 찐하게 소통하는 데 집중하기로 했습니다. 저의 글과 콘텐츠가 사람들에게 도움이 되는지 아닌지가 더 중요하다는 것을 잊지 않기로 했습니다. 잔기술보다는 본질에 집중하는 것이 장기적으로 봤을 때 더 도움이 된다는 것을 깨달았으니까요. 양보다는 질, 숫자보다는 내용에 충실하기로 했습니다.

3. 매출

저는 2015년에 개인사업자 등록을 했고, 이후 약 3년 정도 강사와 프리랜서로 일하다 2017년에 다시 직장인이 되었습니다. 재직 기간에 휴업 신고를 했고 퇴사를 한 지금까지도 여전히 휴업 상태입니다. 폐업 신고는 국세청 홈택스에 접속해서 클릭 몇 번만 하면 간단하게 끝나는 작업이지만 여전히 망설이고 있습니다. 저는 아직까지 제 사업에 대한 미련이 많이 남아 있는 상태인가 봅니다.

언제 다시 영업을 시작할지 잘 모르겠고 여전히 사업에 대한 구체적인 계획도 없습니다. 오랜 시간 고민한 끝에 '미라클 모닝'이라는 코어 콘텐츠를 찾았지만 여전히 코어 콘텐츠와 관련된 상품과 서비스로 세금을 신고할 만큼의 매출을 일으킬 수 있을지는 의문입니다. 여기에 코로나19로 두 아이의 등교 여부가 수시로 바뀌고 있고 세상과 소통하는 방식이 크게 달라진 상태이다 보니 시간 활용과 업무활동에 제약이 많은 상황입니다. 일을 아예 손에서 놓지는 않겠지만 모든 시간과 에너지를 일에만 집중하기 어려운 환경인지라 당분간은 사업이 아닌 부업의 형태로 일을 진행할 예정입니다. 어쩌면 휴업 상태인 사업자는 반드시 제 일을 더 키워나갈 것이라는 의지를 보여주는 상징일지도 모르겠네요.

한동안 엄마라는 이유로 저만 활동에 제약을 감수해야 하는 상황이 억울했습니다. 저도 능력과 재능이 있고 하던 일들이 어느 정도 성과를 보이기 시작하는데 자꾸 멈춰야 하는 현실이 싫었습니다. 하지만 누군가의 도움을 받을 수 없는 상황에서 두 아이를 전담하며 제 일까지 잘 챙기기란 어려운 상황이었습니다. 어쩔 수 없는 상황이라면 양육과 병행할 수 있는 다른 소일거리를 찾아 경력을 계속 이어나가는 것이 현명하다는 생각이 들었습니다. 세상과 연결되어 경제활동을 할 수 있는 온라인 플랫폼은 셀 수 없이 많이 있고, 그것을 어떻게 활용하느냐는 제 능력에 달려 있기 때문입니다. 이 판에서도 제 능력은 충분히 빛날 수 있다고 믿었습니다.

한때는 독박육아를 하면서도 사업에 성공해 억대 매출을 올리는 인플루언서 엄마들을 좇아가기에는 제 역량이 부족한 것 같다는 느낌이 들었습니다. 의기소침해질 때도 많았지요. 하지만 새벽 기상을 하면서 출퇴근 없이 수익을 창출할 수 있는 방법을 연구했고, 강력한 의지를 다지며 열심히 공부했습니다. 처음에는 10만 원 남짓하던 저의 월수입은 계속 성장해 현재는 100만~150만 원 정도의 고정적인 부수입을 올리고 있습니다. 어떻게 하면 내가 좋아하는 일을 하면서 타인에게 더 도움이 될 수 있을지 끊임없이 연구하며 콘텐츠를 생산하고 있고, 다양한 머니 파이프라인을 고안하기 위해 다양한 시도를 병행하고 있습니다.

저는 제가 버는 돈의 액수, 제 부업으로 벌어들이는 매출의 액수에 연연하지 않기로 했습니다. 많이 벌면 좋겠지만 숫자에 휘둘리며 불필요한 에너지를 소진하지 않기로 했습니다. 저는 돈으로 환산할 수 없는 무한대의 사랑을 아이들에게 주고 있고, 이것이 저의 1순위 목표이기 때문입니다. 엄마가 항상 옆에 있다는 심리적 안정감은 눈으로 확인할 수는 없지만 아이들의 마음속에 심리적 자본을 쌓는 종잣돈과 같습니다. 저는 아이들이 성장하면서 겪는 다양한 변화들을 슬기롭게 이겨낼 수 있도록 마음속 씨앗을 튼튼하게 키워주는 멋진 엄마가 되고 싶습니다.

지금은 돈보다 아이들의 건강한 성장에 집중하기로 했습니다. 아이들이 스스로 끼니를 해결할 수 있을 나이가 되고, 좋은 자극과 나쁜 자극을 어느 정도 구별할 수 있는 시기가 되면 그때 매출에 집중해도 괜찮다고 생각합니다. 아이들이 성장하는 기간 동안은 다양한 머니 파이프라인을 만들기 위한 R&D 연구소를 운영한다는 생각으로 여러 번 넘어지고 일어서고를 반복하려 합니다. 연구·개발 단계에서 중요한 것은 실험과 실패를 반복해 다양한 데이터를 취합하는 것입니다. 이러한 데이터가 쌓이면 상품과 서비스를 탄탄하게 만들어주는 기본 토대가 됩니다.

4. 직업의 수

불과 몇 년 전만 해도 직업이 2개 이상인 사람은 드물었습니다. 직장에서 맡은 직무에만 헌신하는 사람이 대부분이었고 출퇴근하는 회사 없이 여러 가지 일을 이것저것 하는 사람은 한량, 백수 취급하는 분위기였습니다. 하지만 최근에는 분위기가 많이 달라졌습니다. 이제는 투잡, 쓰리잡을 넘어 N잡러로 일하는 사람이 많이 보입니다.

저 역시 회사를 그만두니 할 일이 없어 막막했습니다. 일해서 돈을 벌고 싶은데 무엇부터 해야 할지 몰라 당황스러웠습니다. 엄마니까 육아만 열심히 하면 그게 제 일이 되는 건데, 제가 원하는 삶은 그냥 엄마로만 사는 삶이 아니었습니다. 저는 돈을 쓰는 것보다 버는 일에서 재미를 느끼는 사람인데 육아는 쓰는 행위, 소비가 중심이었습니다.

육아휴직 기간 동안 어떻게 하면 육아를 하면서 돈을 벌 수 있을지 열심히 공부했습니다. 하지만 제가 만족할 만한 성과와 수익을 내기에는 절대적인 시간이 부족했습니다. 남이 주는 돈을 받으려면 그에 상응하는 무언가를 해야 하는데 팔 수 있는 시간과 노동력은 없었고, 판매 가능한 상품도 없었습니다. 상품을 새로 만들어낼 아이디어는 없고, 유명한 사람이 아니니 굿즈를 만들어봐야 그저 개인 소장용이 될 것이 뻔하고, 여타 스마트스토어 사업자들처럼 사업을 통해 수익을 내는 것도 제가 원하는 방식은 아니었습니다. 그래서 소소하지만 주변에 있는 것들 중 돈을 받을 수 있을 만한 것부터 먼저 팔아보기로 했습니다.

우선 책장에 꽂혀 있는 300여 권의 책 중 판매 가능한 책부터 인터넷 중고서점에 팔았습니다. 다행히 책에 밑줄을 긋거나 낙서를 하며 보는 스타일이 아니었기에 판매 가능한 책이 많았습니다. 서점 애플리케이션에 있는 바코드 스캔 기능을 활용하면 매입 가능 여부와 매입 가격을 바로 확인할 수 있습니다. 그중 판매 가능한 책을 포장해서 집 밖에 내어놓으면 택배 기사님이 수거해가는 매우 편리한 시스템이었습니다. 책 판매

로 꽤 쏠쏠한 수입을 올릴 수 있었습니다

그다음에는 불필요한 살림을 살펴보기 시작했습니다. 집 안에도 팔 수 있는 물건은 많았습니다. 맥시멀리스트는 아니지만 물건 사 모으는 걸 좋아하는 남편 덕분에 쓰지 않고 자리만 차지하는 물건이 정말 많았습니다. 새것 같은 중고물품, 철 지난 육아용품, 아직 유통기한이 많이 남았지만 기간 내에 다 쓰기 어려운 화장품, 옷, 신발, 홈케어 미용기기 등을 깨끗이 닦아 중고 거래 애플리케이션을 이용해 팔았습니다. 규모는 작지만 중고 거래로 한 달에 최소 10만 원 이상의 부수입을 챙길 수 있습니다.

이제 온라인으로 눈을 돌렸습니다. 수년째 방치했던 블로그를 찬찬히 살펴보니, 과거에도 소소하게 블로그 협찬으로 생활비를 절약한 기록이 있었습니다. 나가는 돈을 줄이는 것도 수익 창출의 한 가지 방법이었습니다. 지금 저에게 필요한 건 현금 수익과 소비를 줄이는 다양한 살림 물품이었습니다. 각종 체험단 사이트와 블로그 협찬 광고를 유심히 살펴보며 다양한 상품을 협찬받았습니다. 협찬받은 물품 중 재판매가 가능한 상품은 다시 중고나라, 당근마켓, 아파트 커뮤니티 카페 등에 올려 수익을 만들었습니다. 추가로 포스팅을 통해 원고료까지 챙겼습니다. 대단한 인플루언서는 아니지만 제 자기계발 비용과 용돈 정도는 충분히 충당하는 블로그 마케터, 수익형 블로거가 되었습니다.

인스타그램, 블로그, 팟캐스트, 유튜브로 콘텐츠를 만들어 저라는 사람을 꾸준히 알리다 보니 생각보다 많은 곳에서 일할 기회가 찾아왔습니다. 제가 온라인에서 개인 방송을 한다는 정보를 알게 된 주변 지인의 소개로 홈쇼핑 소비자평가원으로 방송할 수 있는 기회를 얻었고, 이후에도 비슷한 일이 계속해서 연결되었습니다. 네이버 쇼핑 라이브 쇼호스트로 제품을 판매하며 어릴 적 꿈인 쇼호스트가 되어보기도 했습니다.

새벽 기상의 노하우와 관련 기록으로 수익을 내기도 했습니다. 미라클 모닝을 오랫동안 실천하자 저를 믿어주는 팬들이 생겼습니다. 수익 창출이 주된 목적은 아니었지만 일찍 일어나는 방법, 습관 만들기 노하우를 담은 전자책을 만들어 프리랜서 플랫폼을 활용해 판매했습니다. 기록이 콘텐츠로, 수익화로 어떻게 연결되는지를 학습할 수 있는 좋은 기회였습니다.

규모는 작지만 직접 운영하고 있는 미라클 모닝 커뮤니티도 활용했습니다. 시간관리의 물꼬를 틀 수 있는 작은 소모임을 만들어보고 싶었습니다. 고민 끝에 2022년 1월 매주 월요일에 화상회의 애플리케이션 줌을 통해 만나는 소모임을 개설했습니다. 더불어 기업교육 강사들과 교육 콘텐츠 및 교구를 개발해 판매하고 건강보험공단 국민위원, GS리테일 해커톤 인터뷰, 시장 조사 기관 자기계발 인터뷰 등 여러 방면으로 폭넓게 활동했습니다. 소소하지만 여러 가지 이벤트를 통해 받은 기프티콘, 블로그 애드포스트 수익도 챙겼습니다.

지금의 저는 콘텐츠를 만드는 콘텐츠 크리에이터이자 블로그 마케터, 개인 방송인, 주식 투자자, 글을 쓰며 돈을 버는 사람입니다. 매일 일정하게 월급을 받는 삶을 놓았더니 예상치 못한 곳에서 재미있는 일을 하는 사람으로 살고 있습니다. 앞으로도 제 직업은 더 늘어날 것입니다. 작가, 강연자, 인플루언서 등을 목표로 정진할 생각입니다.

어떻게 버는 돈이 멋진 돈일까요? 생계를 위해 자신의 꿈을 희생하며 버는 돈은 후지고, 좋아하는 일을 하면서 버는 돈은 더 가치 있나요? 도박, 사기, 남을 해하는 행위로 벌어들이는 돈은 더럽고 추악한 것이 맞지만, 그때그때 살아가면서 생기는 기회를 살려 경력을 확장해 창출하는 수익은 건강하고 아름답습니다. 경험이 곧 직업이 되는 시대입니다. 이제 저는 직업의 수가 무의미해진 진짜 N잡러입니다.

5. 나에 대한 평가와 기대

저는 대한민국에서 두 아이를 키우는 평범한 40대 엄마입니다. 아침밥, 저녁밥을 뭘 해먹일지 매일 고민하고, 세일 기간에는 마트로 달려가는 열정 있는 엄마입니다. 그런데 SNS로 제 일상을 공유하고 제가 만든 콘텐츠를 홍보하다 보니 보통의 엄마들보다 뭔가 더 특별한 능력이 있는 것처럼 보이기도 합니다. SNS에는 '좋아요'를 부르는 꽤 괜찮고 있어 보이는 사진 위주로 올리지 자질한 일상의 모습은 올리지 않으니까요.

보이는 것이 중요한 요즘, 제 능력을 좋게 봐주시고 마음이 혹할 제안을 주시는 분들이 많아 감사한 마음을 가지고 있습니다. 하지만 저는 주변 사람들의 기대가 부담스러울 때가 종종 있어요. 그래서 제가 아무것도 하지 않으면 안 되는 사람 같고, 사람들의 기대를 배신하면 안 될 것 같다는 불안감을 느낄 때도 있습니다. "육아와 살림만 하면서 살 건 아니지?"라고 묻는 지인들의 질문이 당황스러울 때도 있고, 이런 질문을 받을 때마다 '그럼 나는 여기서 뭘 더 해야 할까?' 하고 고민합니다. 지금의 현실도 충분히 만족스러운데 필요 없는 목표를 일부러라도 만들어야 하나 싶을 때도 있습니다.

저는 외향적이고 사교적인 편이라 사람들과 관계 맺는 것을 좋아합니다. 그러나 일만큼은 혼자 하는 것이 편합니다. 논리보다는 감정으로 일하는 편이라 성과와 상관없이 편하게 만날 수 있는 부담 없는 관계를 선호합니다. 물론 다른 사람과 함께 일해야 하는 상황이라면 철저하게 계획을 세우고 전략적으로 접근하는 편입니다(이런 성향은 사회생활을 하면서 자연스럽게 학습된 것입니다). 대개 타인이 저에게 기대하는 무언가는 제가 원하는 것이 아닌 경우가 많았습니다.

4년이라는 시간 동안 새벽 기상을 실천하면서 있는 그대로의 저를 찬찬히 뜯어보니 잘하는 영역과 하기 힘든 영역이 명확해졌습니다. 선호하는 것과 피하고 싶은 것은 더 선명해졌습니다. 저에게 들어오는 제안들은 대부분 육아와 병행하기 버거운 것들이었고, 이미 알고 있는 영역일지라도 함께 일하는 조직에 적응하고 새롭게 배우고 익히기에는 제 시간과 체력에 한계가 있었습니다. 그들은 저 말고도 수많은 사람에게 비슷한 제안을 했을 것이고 꼭 제가 아니어도 괜찮을 것입니다. 타인의 제안은 융통성 있게 거절하면 됩니다. 그들의 기대에 일일이 부응할 필요는 없습니다. 모든 영역과 분야에서 다 잘할 수도 없고, 다 잘할 필요도 없으니까요.

지금 잘할 수 있는 일과 지금 해야 하는 일에 집중하는 것. 그것이 바로 저답게 살아가는 길이라 믿습니다. 훗날 시간과 에너지를 다른 곳에 나눌 수 있는 여유가 생기면 그때 매출도 신경 쓰고, 조회수도 신경 쓰고, 저에 대한 기대치도 높이고, 타인의 기대도 충족시키며 살아도 충분하다고 생각해요.

퇴사 후 저는 숫자로 표현되는 많은 것과 일부러 멀리 떨어져 지냈습니다. 숫자에 연연하기에는 세상에는 재미있는 일이 너무 많더라고요. 생각지도 못한 곳에서 즐거움을 찾고 기회를 발견했습니다. 그동안 꼭 필요하다고 착각하며 붙들고 있었던 많은 것들이 대부분 쓸모없거나 실체 없는 불필요한 무형의 숫자에 불과했습니다. 진짜 중요한 것은 숫자로 표현하지 않아도 되는 것들이었습니다.

삶에서 가장 중요한 것을 잃지 않는 방법, 삶의 만족도를 높이는 방법은 나를 힘들게 하는 무언가를 내려놓는 것입니다. 내려놓고 비우면 인생에서 가장 중요한 것들로 그 빈 공간이 채워집니다. 비우면 여유가 생깁니다. 돈도 많이 벌어야 하고, 미래를 위해 공부도 해야 하고, 직장에서 인정도 받아야 하고, 타인에게 인정도 받아야 한다는 무거운 마음을 조금만 가볍게 해보면 어떨까요? 우리에게 중요한 것은 '완벽'이 아니라 '조화로움'입니다.

당신의 꿈을
응원합니다

실행이 곧 결과입니다.
당신의 꿈을 응원합니다.

미라클 모닝과 만나고 수년이 지났습니다. 그동안 저는 제 미래를 준비하는 데 도움이 되는 일은 무엇일지 수도 없이 고민했습니다. 제 끼를 자유롭게 펼칠 수 있는 방법에 대해 고민해봤습니다. 제가 걸어온 길은 분명 헛되지 않았고, 제 인생은 지금도 점점 더 나은 방향으로 흘러가고 있으니 이러한 제 삶의 여정을 많은 사람과 소소하게 나눠보고 싶었습니다.

제 삶을 돌아보면 넘어야 할 장애물을 하나씩 넘는 삶이었습니다. 경제적인 이유로 좌절된 성악가의 꿈. 고등학교를 졸업하고 23살 때 IMF 외환위기의 여파로 계획에도 없는 직장생활을 시작해 전문대, 4년제 대학교, 방송통신대학교, 학점은행제를 거쳐 9년 만에 학사학위를 받습니다.

다 큰 어른이 되어서도 진로는 오리무중이었습니다. 4년 만에 정규직에 채용되었고, 결혼과 육아를 병행하면서 대학원도 졸업했습니다. 예상치 못한 퇴사, 계획에 없던 프리랜서 생활, 둘째아이를 키우면서 37살에 재취업, 그리고 또 다른 의미의 자발적 퇴사까지. 절대 순탄하지 않았던 20~30대에 경험했던 일들이 제 안에 가득 담겨 흘러넘쳤습니다.

처음에는 제 다사다난했던 이야기가 사람들의 공감과 지지를 끌어낼 수 있는 콘텐츠가 될 수 있을까 긴가민가했습니다. 저에게는 소중한 경험이었지만 다른 누군가에게는 누구나 흔히 겪는 특별할 것 없는 삶일 수도 있겠다는 생각에 주춤했습니다. 하지만 도전해보기로 했습니다. 다른 이름으로 살고 싶다면 그 이름에 걸맞는 실행력이 필요하다고, 누구에게나 처음은 있고 늘 그래왔듯이 이번에도 잘해낼 수 있을 것이라고 믿었습니다.

느지막한 나이에 시작한 팟캐스트는 라디오와 비슷한 부분이 많았습니다. 요즘은 '보이는 라디오'라고 해서 DJ와 게스트의 모습을 애플리케이션을 통해 실시간으로 볼 수 있지만, 기본적으로 라디오는 목소리가 중심인 채널입니다. 유튜브는 메이크업과 헤어, 촬영 스튜디오의 인테리어 등 콘텐츠만큼 영상에서 보이는 많은 것에 신경을 써야 하지만 팟캐스트는 다릅니다. 대본과 녹음할 수 있는 조용한 공간, 휴대전화와 마이크만 있으면 모든 준비가 끝납니다. 생각보다 제작도 쉽고 편집도 간편합니다. 다른 부가적인 요소를 고려하지 않고 콘텐츠 본질 자체에 집중할 수 있습니다.

막연하게 방송을 해보고 싶다는 갈증을 해소할 수 있는 좋은 솔루션을 찾았으니 이제 실행 계획을 구체적으로 세웠습니다. 함께할 공동 진행자와 초보 팟캐스터의 녹음과 편집을 도와줄 스튜디오도 섭외했습니다. 약 두 달간의 기획 회의와 사전 시뮬레이션 작업 후 저와 파트너의 닉네임을 따 방송명을 지었고, 이후 1인 기업의 생존 이야기를 담은 '송프라김프리쇼'는 2019년 1월 첫 방송을 시작합니다. 2년간 110개의 콘텐츠를 제작하면서 많은 분의 공감과 응원을 받습니다.

꽤 오랜 시간 꾸준히 진행해보니 팟캐스트는 정말 저와 잘 맞는 매체였습니다. 2년간 함께 호흡을 맞춘 파트너는 개인 사정으로 하차하고 '송프라김프리쇼'는 아름답게 마무리됩니다. 두 번째 방송인 '주인공쇼'는 오프라인 독서모임에서 만난 지인과 함께 시작한 팟캐스트 콘텐츠입니다. 그리고 2022년에는 '김프리의 멘탈 튼튼'이라는 새로운 콘셉트로 세 번째 방송을 시작합니다.

누구나 자신만의 콘텐츠를 만들 수 있는 시대, 새로운 일에 도전하는 작은 용기만 있다면 신기하고 재미있는 일을 경험할 수 있는 세상에 살고 있습니다. 이제는 영상과 오디오를 뛰어넘어 제페토, 이프랜드, 게더타운과 같은 메타버스 플랫폼까지 등장해 크리에이터의 영역은 점점 더 넓어지고 있습니다. 어쩌면 오디오 콘텐츠는 시대에 뒤떨어진 것 같은 느낌도 듭니다. 그렇다고 트렌드를 좇아 굳이 수많은 플랫폼을 다 활용할 필요는 없습니다. 자신에게 가장 잘 어울리는 플랫폼을 찾아 그 안에서 자신의 장점을 살리면 됩니다.

요즘은 거의 모든 플랫폼이 무료입니다. 휴대전화 하나만 있으면 무료로 콘텐츠를 높은 퀄리티로 만들 수 있습니다. 빠르게 찍고, 녹음하고, 간단한 편집만 해도 업로드가 가능합니다. 유통하는 비용도 거의 들지 않습니다. 나이와 성별, 국적과 직업에 관계없이 자신이 좋아하고 관심 있는 분야를 콘텐츠로 만들어 타인에게 제공하고 취향과 관심이 맞는 사람들과 커뮤니티를 형성합니다. 잘 키운 커뮤니티는 광고 수익, 굿즈 판매, 강연, 전자책 판매 등과 같은 추가적인 수입을 가져다줍니다.

저는 콘텐츠 크리에이터로 살아가면서 정년 없이 일하고 싶은 사람, 집에서 일하며 돈 벌고 싶은 사람, 원하는 목표를 달성하기 위해 동기 부여가 필요한 사람에게 도움을 주는 사람이 되고 싶었습니다. 제 이름 석 자로 저만의 고유성을 세상에 드러내며 살아가는 방법을 꾸준히 연구했고 방송하는 엄마, 크리에이터, 작가로 살기 위해 노력했습니다. 이 길을 걸으며 '내 콘텐츠를 들어주는 사람이 하나도 없으면 어떻게 하지?' '내가 과연 이런 이야기를 할 자격이 있나?' 하는 걱정도 많이 했고 불안할 때도 있었습니다. 무명의 크리에이터로 살아가기가 막막할 때도 많았습니다.

'먹고사니즘'의 정글에서 유일한 경쟁자는 저 자신일 뿐, 제가 할 일은 일상에서 겪는 다양한 일을 새로운 시선으로 볼 수 있는 창의력을 꾸준히 단련하는 것뿐이었습니다. 과거의 저는 "생각한 대로 살게 된다."라는 말을 믿지 않았습니다. 당장 눈앞의 현실조차 감당하기 버거운데 어떻게 생각만으로 인생을 바꿀 수 있겠어요? 전혀 이해할 수 없었습니다. 하지만 이 문장에는 빠진 구절이 있습니다. 바로 "생각한 대로 실천하면, 생각한 대로 살게 된다."입니다. 실천 없는 생각, 망상만 하고 살아왔기에 제 인생이 꼬인 것이었습니다.

왜 성공한 사람들이 일찍 일어나는 습관을 지녔는지 이제는 알 것 같습니다. 아마도 주변에 응원을 해주는 사람보다는 불가능을 이야기하는 사람이 훨씬 많았을 겁니다. 뛰어넘어야 할 장애물도 많았을 테고, 심적으로 불안하고 답답하고 서러운 날도 있었을 겁니다. 그 누구도 용기를 주지 않는, 도와주지 않는 외로운 길. 그 길을 잘 헤쳐 나가기 위해서는 마음속 가장 깊은 곳의 소리를 듣는 시간이 필요했을 겁니다. 고독하지만 조용하고, 외롭지만 당당할 수 있는 새벽과 만나 수도 없이 들었던 부정 암시를 깨부수고 희망을 그릴 수 있는 용기를 얻었을 겁니다.

저도 이들과 같은 새벽의 에너지를 받았습니다. 그리고 다른 삶을 시작했습니다. 아무도 응원해주지 않아도 저는 저 자신을 응원하고 잘 해낼 거라 믿습니다. 그래서 불안하지 않습니다. 새벽의 에너지는 마음에 건강한 씨앗을 심어주었고, 열매를 맺을 때까지 기다릴 수 있는 인내와 여유를 주었습니다.

우리 주변에는 상상만 하고 아무것도 시작하지 않는 사람이 생각보다 많습니다. 아무것도 시도하지 않는 사람은 도전하는 사람이 앞서갈 때 실패라는 덫에 계속 갇혀 있을 겁니다. 새로운 기회가 열리는 수많은 문을 매번 비슷한 방식으로 닫았을 겁니다. 저는 크리에이터라고 불리는 삶이 행복합니다. 새로운 경험과 지식을 다른 이에게 전달하는 일, 그 자체에 보람을 느낍니다. 저는 새벽 기상 덕분에 새로운 문을 하나 열었고, 그다음 문을 열 수 있는 자신감을 얻었습니다.

2007년에 네이버 블로그로 SNS에 첫발을 디뎠습니다. 그 사이 많은 플랫폼이 새로 생기거나 사라졌습니다. 개인적으로 저는 요즘 젊은 친구들 사이에서 대세로 떠오르는 새로운 채널들이 재미가 없고 복잡하더라고요. 그래서 매번 도돌이표처럼 블로그로 돌아와 제 이야기를 풀어놓았습니다. 여기저기 기웃거리느라 섞여버린 제 온라인 공간의 정체성은 당연히 엉망

진창이 되었습니다. 블로그 콘셉트와 운영하는 목적이 시시때 때로 바뀌다 보니 그나마 근근이 인연의 끈을 이어가던 랜선 친구들도 떠나갔고, 블로그에 쌓이는 글은 대체로 두서도 없고 맥락도 없고 전문성도 없었습니다.

육아 정보만 올렸는데 월 100만 원을 벌었다는 인스타그 램 광고를 보고 육아 포스팅을 늘리고, 맛집 게시물로 큰 원고 료를 받았다는 소식을 들으면 맛집 포스팅에 열을 올렸습니다. 틱톡과 인스타그램 릴스가 대세라는 말에 15초짜리 영상도 만 들다 포기하기를 반복했습니다. 명언을 올리면 사람들의 반응 이 좋을 것이라는 말에 명언 카드뉴스도 만들고 멈추기를 반 복했습니다.

새벽 기상, 독서 리뷰, 상품 후기, 체험단, 재테크 등 여러 분야의 콘텐츠를 난잡하게 올렸습니다. 블로그를 포함해 인스 타그램, 네이버 카페, 브런치, 유튜브, 팟캐스트까지 영역은 계 속 확장되었지만 제대로 자리 잡은 채널은 없었습니다. 제 지 인은 저를 'SNSer(SNS하는 사람)'라고 부르기도 했습니다.

우리는 지식과 경험이라는 무형자산을 새롭게 가공해 사 람들이 유익하게 소비할 수 있는 글과 이미지, 영상으로 전환하는 사람을 크리에이터라고 부릅니다. 저는 크리에이터로 살아가길 원했습니다. 온라인 채널에 진정성과 전문성을 확실하게 어필할 수 있는, 이전과는 다른 전략이 필요했습니다. SNS를 시작한 지 15년 만에 제대로 된 고민을 시작한 것입니다.

　크리에이터로 살아가려면 어떤 능력이 가장 필요할까를 쭉 적어봤습니다. 외모, 스피치 능력, 콘텐츠 기획력, 편집 기술, 시간관리, 체력, 창의력 등 많은 역량이 떠올랐습니다. 하지만 콘텐츠 크리에이터라는 업, 창작자에게 가장 중요한 것은 역시 콘텐츠를 정리하는 능력, 바로 글을 쓰는 능력이었습니다. 단순한 사실을 그냥 나열하는 것이 아닌 지식과 정보를 가치 있게 만드는 글쓰기 능력을 갈고닦아야 했습니다.

　글쓰기를 중심으로 놓고 보니 선택할 수 있는 SNS의 범위가 좁혀졌습니다. 어느 SNS를 거점기지로 삼을까 고민하다 단순하게 블로그로 결정했습니다. 텍스트와 이미지, 영상을 모두 다 활용할 수 있다는 점, 가장 빠르고 쉽게 새로운 콘셉트와 전략을 적용할 수 있다는 점이 주효했습니다. 블로그 콘텐츠를 오디오 콘텐츠와 유튜브 원고로 활용하는 원소스 멀티유스가 가능하다는 점도 큰 장점이었습니다.

마음을 새롭게 다잡고 네이버 블로그를 운영하니 이전과는 다른 에너지가 느껴졌습니다. 매일 느끼는 소소한 감정과 일상 이야기에 지식과 전문성을 깊이 있게 담아 풀어내기 시작했습니다. 기록 이상의 가치를 만들기 위해 꾸준히 노력했습니다.

더불어 전문가의 도움을 받을 필요가 있다고 판단했습니다. 1초의 고민도 없이 블로그 마케팅 전문가인 마인드트리 최원대 대표에게 연락했습니다. 블로그를 처음부터 다시 배우겠다고, 돈도 없고 시간은 더 없지만 열정 하나만큼은 1등이라고 도움을 달라고 부탁했습니다. 그렇게 저는 퍼스널 브랜딩 전략을 기초부터 새롭게 공부했습니다.

오랫동안 알고 지낸 업무 파트너이기도 한 최원대 대표는 딸아이 유치원 하원시간을 칼같이 맞춰야 하는 저의 상황을 충분히 배려해주셨습니다. 매주 월요일 함께 점심을 먹고 2시간 동안 핵심 전략만 집중적으로 배울 수 있었습니다. 짧고 굵게 배운 내용을 집에 와서 정리한 후 블로그 콘텐츠 구성에 다양하게 적용하고 실험해봤습니다. 예전에 썼던 보잘것없는 글도 다시 돌아보면서 어떤 부분이 부족했는지를 반복해서 검토

했습니다. 그렇게 나름의 콘텐츠 구성이 끝나면 비장한 각오로 블로그에 포스팅한 후, 포스팅에 대한 피드백을 받았습니다.

1인 기업가 크리에이터에게 글쓰기는 기본입니다. 쓸 줄 안다고 다 글이 아니고, 할 줄 안다고 전부 기술이 아닙니다. 말은 내뱉으면 사라지지만 글은 기록으로 영원히 남습니다. 한 장의 사진은 찰나를 담지만 그 찰나가 모이면 한 시대의 역사가 됩니다. 기록을 취미 이상의 영역으로 확장하고 싶다면 먼저 글쓰는 능력을 키워야 합니다. 그냥 쓰는 것과 제대로 배워 전략적으로 쓰는 것은 차원이 다른 행위입니다.

배운 것을 실행으로 옮긴 덕분에 저는 많은 고정 팬과 랜선 이웃을 확보할 수 있었습니다. 꾸준히 수익도 창출하고 있고, 좋은 스타트업과 인연이 닿아 공동구매 셀러로 판매 수익을 만들기도 했습니다. 글쓰기를 제대로 배웠더니 출퇴근 없이 돈을 버는 머니 파이프라인이 하나 더 생긴 것입니다.

글 하나만 잘 써도 정년 없이 일할 수 있는 시대입니다. 콘텐츠의 기본은 '글빨'입니다. 좋은 글은 오랫동안 기록으로 남아 많은 사람에게 신뢰를 심어줍니다. 말만 잘하는 전문가는 세상에 많습니다. 하지만 말도 잘하고 글도 잘 쓰는 전문가는 드뭅니다. 그래서 저는 여러 SNS 채널에서 활동하는 대신 책을 읽고 글을 쓰는 데 집중합니다. 따지고 보면 유명한 유튜브 채널도 탄탄한 콘텐츠가 기본이고, 그 기저에는 글쓰기 능력이 깔려 있습니다. 그래서 오늘도 글빨을 키우기 위해 열심히 읽고 쓰고 배우고 있습니다.

돌이켜보면 결국 이 모든 노력은 '돈'으로부터 자유로워지기 위한 발버둥의 일환이었습니다. 여러분은 돈이 무엇이냐는 질문을 받으면 대답할 수 있으신가요? 막상 대답하라고 하면 막막하실 겁니다. 우리는 태어나면서부터 지금까지 돈과 함께 살았습니다. 돈이라는 존재가 너무 친숙합니다. 돈에 대해 많은 것을 이해하고 있다고 스스로 자만합니다. 하지만 저 역시 "돈이 무엇이냐?" 하는 질문 앞에 말문이 턱 막혔습니다.

맞벌이부부였던 우리 가족의 소득은 저의 퇴사로 크게 줄어들었습니다. 남편과 머리를 맞대고 외벌이 4인 가족의 생활을 안정적으로 유지하려면 어떻게 해야 할지 진지하게 고민했습니다. 아이들이 커가면서 늘어나는 교육비, 막막한 주택담보대출 이자, 치솟는 물가를 생각하면 눈앞이 캄캄했습니다. 그래서 '추가소득' 문제는 생존을 위해 꼭 필요한 일이었습니다.

직장에 다니며 꽤 오랫동안 돈을 벌었지만 돈이란 것이 진짜 무엇인지, 돈이 어디에서 오고 어떻게 움직이는지 전혀 알지 못했습니다. 살아온 날 대부분을 떠올려보니 돈은 꾸준히 벌어도 항상 부족했고, 많이 벌고 싶은 막연한 욕망만 앞섰습니다.

본격적으로 돈 공부를 시작하기로 마음먹고 제일 먼저 시작한 일은 독서모임 개설이었습니다. 육아휴직 한 달 전인 2018년 10월, 블로그와 인스타그램에 돈 공부를 함께 할 독서모임 회원을 모았고, 첫 번째 책은 『댄 애리얼리 부의 감각』으로 정했습니다. 이후 약 2년간 오프라인 독서모임을 하면서 돈을 다루는 수많은 책을 읽었습니다. 돈의 본질을 다룬 책부터 블로그로 돈 벌기, 1인 기업 성공담, 유튜브로 돈 벌기, 주식 투자, 자기계발서 등 다양한 주제의 책을 섭렵했습니다.

30살 후반에 시작한 돈 공부는 생각보다 재미있었습니다. 돈에 대해 몰랐던 새로운 사실을 알아갈 때마다 놀라는 일도 많았습니다. 『50대 사건으로 보는 돈의 역사』라는 책에서 배운 돈의 흐름과 연관된 전쟁의 역사 역시 꽤 흥미로웠습니다. 돈과 자본주의의 역동을 친절하게 설명해주는 수많은 책을 읽으며 돈에 대한 저의 자만과 무지를 완벽하게 인정했습니다. 그리고 깨달았습니다. 과거에도 현재에도 변하지 않을 진리는 하나입니다. 큰돈은 그 시대에서 가장 가치 있는 것을 파는 행위를 해야 얻을 수 있습니다. 돈을 많이 벌고 싶으면 먼저 가치 있는 것을 발견하거나 만들어내는 능력이 필요했습니다.

돈을 벌기 위해 팔 수 있는 것은 저의 시간과 노동력뿐이라 믿었습니다. 저는 돈을 많이 버는 사람은 따로 정해져 있으며, 일하지 않고 버는 돈은 남의 재산을 빼앗는 것과 다름없다고 여겼습니다. 주식 투자는 도박과 같고 레버리지를 일으켜서 하는 부동산 투자는 투기꾼들의 무대라고 생각했습니다. 성실하게 일한 후 받은 월급 대부분을 저축하는 삶이 바른 삶이라 믿었습니다. 대출이 있으면 빚쟁이고, 제가 벌 수 있는 돈의 액수에는 한계가 있다고 생각했습니다.

돈에 대한 잘못된 신념은 저에게 온 수많은 기회가 기회인지도 모르게 눈앞을 가로막았습니다. 책을 통해 세상에는 좋아하는 일을 하면서 멋있게 돈을 버는 사람이 존재하고, 당당하게 정당한 대가를 받으면서 다른 사람을 돕고 존경까지 받는 품격 있는 부자도 많다는 것도 알게 되었습니다. 돈에 대한 부정적인 신념이 얼마나 무서운지, 돈을 버는 수많은 방법을 공부하지 않았던 제 게으름이 부끄러웠습니다.

　돈에 대한 부정적 신념을 긍정적으로 바꾼 후 저는 저의 상황을 다시 한번 점검했습니다. 학교와 유치원이 끝나는 시간에 아이들을 항상 따뜻하게 집에서 맞아주는 엄마로 사는 것을 1순위로 두고, 나머지 시간을 활용해 돈을 벌기 위해 몇 가지 조건을 설정했습니다.

　　첫째, 직원이나 파트너 없이 혼자 할 수 있는 일

　　둘째, 무자본 혹은 소규모 자본으로 가능한 일

　　셋째, 출퇴근이 필요 없는 일

　　넷째, 장거리 이동은 웬만하면 불가능

　　다섯째, 대인관계로 인한 스트레스는 최소로 할 것

　　여섯째, 자투리 시간에 할 수 있는 일

　　일곱째, 쌓여서 복리 효과가 나타나는 것

　일곱 가지 조건에 부합하면서 나에게 즐거움을 주고 미래에도 도움이 되는 일이면 더없이 좋겠다는 생각이 들었습니다. 제가 설정한 조건을 모두 충족할 수 있는 일을 고민해보니 세

가지 길이 보였습니다.

첫째, 블로그입니다. 이미 블로그로 돈을 벌어봤으니 그다지 어려운 작업은 아니었습니다. 새벽 기상 기록을 꾸준히 남기면서 '아침을 깨우는 여자'라는 브랜딩을 통해 더 많은 부가가치를 창출할 계획입니다.

둘째, 주식입니다. 두 번째 머니 파이프라인은 주식 투자로 결정했습니다. 몇 년 전만 해도 아버지의 실패로 주식의 '주'자만 들어도 자다가도 이불을 박차고 일어났지만, 저는 아버지와 다른 사람이었습니다. 경제 공부를 하면서 주가 추이를 지속해서 살펴보고 매달 일정 금액을 적립식 펀드처럼 투자하는, 비교적 리스크가 적은 건강한 투자를 시작했습니다. 단타 수익보다는 장기투자, 변동성이 심한 국내 주식보다는 우량주 중심의 미국 주식에 집중하기로 결심하고, 원룸 월세 수익만큼 배당금 수익을 만드는 것을 목표로 설정했습니다. 엔비디아 같은 기술주 30%, 스타벅스 같은 배당주 70% 비율로 투자하고 있습니다.

셋째, 그다음 머니 파이프라인은 중고 거래입니다. 중고 거래는 집도 정리하면서 동시에 수익을 창출할 수 있는 좋은 수

단입니다. 재테크에 있어 가장 중요한 것은 현금이 흐르는 길을 많이 만드는 것입니다. 중고 거래의 빈도가 늘어나니 자연스럽게 필요한 물건도 중고 거래를 통해 구매하게 되어 생활비를 절감하는 효과도 얻었습니다.

돈을 버는 행위에는 여러 가지 의미가 담겨 있습니다. 기본적으로 돈은 생계를 해결해줍니다. 자녀를 좀 더 좋은 환경에서 양육할 수 있게 해주고, 만족스러운 여가활동도 가능하게 해줍니다. 필요한 만큼 돈을 번다면 인생의 행복지수는 훨씬 높아집니다. 아이를 키우면서 매일 블로그를 관리하고, 투자 공부를 하고, 가정 내 살림살이를 관리하면서 돈이 될 만한 것을 거래해 수익으로 연결하는 일 역시 정장을 차려 입고 회사에 출근하는 것만큼 훌륭한 경제활동입니다.

아침 일찍 일어나 오늘 해야 할 일을 차분히 정리하고 인생의 지혜를 담은 책을 읽는 시간은 스스로를 성장시키고 마음을 단단하게 만듭니다. 이후 아들과 딸이 등교하면 그때부터 저는 글을 쓰는 일을 시작합니다. 외부 미팅도 거의 없고, 장거리 출장도 없는 단조로운 일상이지만 저는 아이에게 변수가 생기면 빠르게 달려갈 수 있는 거주지 반경 1km 이내에서 공부하고, 일하고, 놀고, 살림하는 디지털 노마드족으로 살고 있습니다.

제가 하는 일에 대해 나름의 전문성을 가져야겠다는 생각에 진지한 태도로 성실하게 공부하고 있습니다. 물론 회사에 다닐 때처럼 매달 통장에 월급이 들어오는 것은 아닙니다. 당장 큰 수익을 낼 수도 없고, 예상치 못한 일로 수입이 확 줄어들 때도 있습니다. 하지만 새벽 기상과 독서를 통해 집에서 돈을 벌 수 있는 방법을 찾아냈다는 것, 제 능력과 장점을 살리면서 영업과 마케팅 비용 없이 돈을 벌 수 있다는 것만으로도 즐겁고 행복합니다. 해야 하는 일과 좋아하는 일을 모두 무리 없이 해내고, 육아와 수익 창출 두 마리 토끼를 다 잡은 지금 이 생활이 너무 만족스럽습니다.

저는 새벽 기상과 독서로 새로운 직업을 얻었습니다. 두 아이를 키우며 자투리 시간에 공부하고 글을 씁니다. 지금도 콘텐츠를 만들며 정년 없이 일하는 방법을 열심히 찾고 있습니다. 뜻이 있는 자에게 길이 보인다고, 뜻을 품고 노력하고 정진하니 길이 보였습니다. 평범한 저도 공부하며 제 길을 갈고 닦아 소소한 성취의 기쁨을 맛봤습니다. 여러분도 충분히 하실 수 있다고 믿습니다. 다른 시간을 사는 사람은 마침내 원하는 삶으로 들어갑니다. 실행이 곧 결과입니다. 당신의 꿈을 응원합니다.

진짜 '나'로
살아가기 위한 노력

저의 어릴 적 꿈은 성악가였습니다. 초등학교 4학년 때 시작해 고등학교 2학년 때까지 노래를 불렀습니다. 평생 노래를 하는 사람이 되고 싶었고, 그렇게 살 수 있다고 굳게 믿었습니다. 노래하는 것이 저의 유일한 즐거움이자 취미였으니까요. 어린 나이였지만 다른 삶을 산다는 것은 상상해본 적이 없었습니다. 지역 KBS 어린이합창단, 시립 소년소녀합창단에서 활동하면서 1년에 2~3번 큰 무대에 오르기도 했습니다. 하지만 대학

입시를 1년 앞둔 시점에서 집이 어려워졌고 제 꿈은 끝내 이루지 못한 꿈으로 남겨둬야 했습니다. 어릴 적부터 한 가지 길에만 너무 몰두하다 보니 제 앞길에는 장애물 같은 건 있을 리 없고 무조건 탄탄대로만 걷는다는 맹목적인 확신을 했습니다.

경험이 부족했던 어린 시절, 포기하고 싶지 않았지만 포기하라는 주변 어른들의 말 때문에 마음이 더 힘들었습니다. 마음은 한없이 쪼그라들었습니다. 이 상황을 어떻게 풀어가야 할지 상담할 어른이나 선배도 없었습니다. 앞날이 막막한 건 저만의 일이 아니었습니다. 부모님과 오빠 모두 버티는 삶을 살아내야 했기에 좌절의 시기가 더 길고 힘들게 느껴진 것 같기도 합니다.

고등학교, 대학교, 직장생활 어느 것 하나 제 뜻대로 되는 것이 없었습니다. IMF 외환위기라는 시대가 제 꿈을 빼앗았고, 경제력 없는 부모가 제 장래를 더 암담하게 만들었다고 생각했습니다. 하지만 그 시절 어려움을 겪은 사람은 저 혼자가 아니었습니다. 인생의 시련은 그 시기와 형태만 다를 뿐 누구에게나 찾아오며 누군가는 생과 사의 갈림길에서도 시련을 기회 삼아 위기를 극복해냅니다.

서른 후반, 책을 읽으며 깨달았습니다. 살아간다는 것은 살면서 마주치는 수많은 문제를 하나씩 해결해나가는 과정이라는 것을요. 꽃길을 걷다가도 비가 내리면 진흙탕이 되고, 거대한 폭우에 모든 것이 휩쓸려가더라도 결국 해는 다시 뜨기 마련이라는 것을요. 위기의 순간에도 생명은 태어나고 자란다는 것을요.

죽고 싶을 만큼 절망적인 순간에도 포기하지 않고 살아갈 힘을 만들어낸 켈리 최 켈리델리 회장의 『웰씽킹』, 당장 내일 죽게 될지도 모르는 수용소 안에서도 삶의 방향은 스스로 결정하는 것이라는 큰 교훈을 준 『빅터 프랭클의 죽음의 수용소에서』 등 여러 책을 통해 많은 것을 배웠습니다. 감히 인간이 이겨내기 힘든 비참한 시간 속에서도 결국 살아남고, 희망을 발견하고, 꿈을 이룬 사람이 있다는 것을요.

큰 빚을 떠안고도 밑바닥부터 다시 시작해 위기를 기회로 만든 사람들이 있습니다. 그들은 바로 지금 이 순간, 내가 할 수 있는 일에 집중하는 힘이 있었습니다. 남들이 뭐라고 하든 개의치 않고 하고자 하는 일을 해내고야 마는 끈기와 오기가 있었습니다. 34살에 두 아이의 엄마가 되어 비교적 평탄한 결혼생활을 이어갔지만 마음 한구석에는 항상 꿈을 이루지 못했다는 갈증이 남아 있었습니다. 마흔이 넘었지만 무엇 하나 제대로 끝을 보지 못했다는 찝찝함이 남아 있었고, 지난날에 대한 후회는 저 자신에 대한 원망으로 변했습니다. 변화의 시기마다 적당히 타협해서 영혼 없이 살아왔던 저의 모습을 돌이켜보니 남은 것은 아쉬움과 후회뿐이었습니다.

그렇게 시간이 흘러 39살, 지인의 소개로 모 홈쇼핑 소비자평가원으로 카메라 앞에 설 기회가 생겼습니다. 핀 마이크를 꽂고 대본을 손에 쥐고 난생 처음 스튜디오에서 녹화하던 날, 저는 마음속에 맺혔던 응어리 하나가 툭 떨어지는 느낌을 받았습니다. 해보고 싶었던 개인 방송을 용기와 끈기로 이어간 덕분에 새로운 기회의 문이 열린 것입니다.

부모 탓, 세상 탓, 남 탓만 하며 지냈던 시간이 반올림해서 거의 20년. 꿈을 이룬 사람들의 SNS를 보고 있으면 마음이 무거웠습니다. 비슷한 시기에 비슷한 일을 시작했는데 나보다 앞서가는 사람들을 보며 자주 좌절했습니다. '다른 사람들이 꿈을 일상으로 만들기 위해 노력했던 시간 동안 나는 무엇을 했던 걸까?' 하고 자책하는 날이 많았습니다.

지나고 보니 이 모든 것은 저 때문이었습니다. 저를 망쳤던 것도, 저를 슬프게 했던 것도, 저를 외롭게 했던 것도 모두 제가 세상에 반응한 결과들이었습니다. 칭찬을 받아도 칭찬인 줄 모르고, 위로를 받아도 동정이라 오해했습니다. 어린 시절에 경험했던 좌절, 분노, 상처가 어른이 되었다고 해서 사라지는 것은 아니었습니다. 하지만 꽤 오랜 시간이 지났음에도 내적 성장을 하지 못한 것은 환경 때문이 아니었습니다. 저 스스로 가능성의 씨앗을 시들게 했습니다.

　책을 읽다 눈물이 흘러 새벽 내내 혼자 흐느껴 많이 울었습니다. 서러움을 주체할 수 없어 원망의 글을 수백 번 쓰고 지웠습니다. 잃은 것만 생각했던 저의 지난날이 가여웠고, 그런 저를 옆에서 말없이 지켜봐준 가족에게 한없이 미안했습니다. 새벽 기상과 독서 덕분에 저는 지나온 시간을 왜곡 없이 인정할 수 있었고, 지난날의 저를 용서할 수 있었습니다. 출발선이 남들보다 조금 늦고 풀어야 할 문제를 좀 더 일찍 만났었던 것뿐, 그 이상도 그 이하도 아니었습니다. 덕분에 많은 것을 경험하고 배울 수 있었습니다.

가지고 있던 것 중 쓸모없는 것은 미련 없이 과감하게 놓아야 합니다. 평소에는 괜찮다가 왜 갑자기 나쁜 기억이 떠올라 나를 괴롭게 만드는지, 어떤 지점에서 이성을 잃고 타인에게 내 마음의 바닥을 드러내는지, 어떤 말에 쉽게 흥분하며 상처받는지를 우린 꼭 알아야 합니다. 이런 마음의 문제를 그냥 무심코 지나치면 눈을 감는 그날까지 같은 문제와 계속 만날지 모릅니다.

인생의 모든 문제에는 해답이 있습니다. 그래서 저는 저의 못나고 부족한 부분을 공부했습니다. 다른 인생을 살아보기 위해 마음의 상처와 정면으로 마주하는 글을 썼고, 살아간다는 행위 자체를 완전히 다르게 볼 수 있는 공부를 했습니다. 그렇게 4년이라는 시간이 흘렀고 이제 저는 예전과는 완벽하게 다른 라이프 스타일로, 다른 마음가짐으로 살고 있습니다.

이제 저는 30대 후반에 꾼 꿈을 40대 초반에 이룬 사람이 되었습니다. 두 아이를 키우면서 집에서 돈을 버는 엄마가 되고 싶다는 꿈이 현실이 되었습니다. 간절히 원하고 바랐던 작가라는 꿈도 이뤘습니다. 두 번째, 세 번째 책 출간을 위해 매일 읽고 쓰는 사람, 많은 사람에게 동기를 부여하고 영감을 주는 자기계발 전문가로 살아갈 것입니다.

이제 저는 꿈을 이룬 사람들이 부럽지 않습니다. 저의 지식과 경험을 바탕으로 미라클 모닝을 소개하고 생활 방식을 바꾸고 싶은 사람들을 돕고 있으니까요. 우리는 가진 것 이상으로 더 행복하게 멋지게 살고 싶어 합니다. 하지만 동시에 남들 눈에 욕심 많은 사람으로 비치고 싶지는 않습니다. 그래서 꿈을 이루기 위해 치열하게 공부하고 기회와 정보를 얻기 위해 다른 영역의 전문가와 교류하는 내 모습이 혹여 성공과 돈만 좇는 기회주의자처럼 보일까 걱정합니다. 모난 돌이 정 맞는 세상이니 질투의 대상이 되는 것보다는 사람 좋은 사람으로 남기를 원합니다. 결국 나를 성장하지 못하게 만드는 것은 남의 시선을 지나치게 신경 쓰고 사는 '나'입니다.

다른 삶을 살고 싶다면 이전과는 다른 행동을 해야 합니다. 다른 행동을 하려면 실전에서 활용할 수 있는 지식을 새롭게 갖춰야 합니다. 이미 공부도 할 만큼 했고, 책도 충분히 읽어서 머릿속에 지식이 가득하다고 생각하고 있다면 그건 착각입니다. 그 지식이 내 삶에 변화를 일으키지 못하면 그 지식은 쓸데없는 무언가에 불과합니다. 인생을 변화시키는 진짜 지식을 갖추려면 시간과 노력이 필요하고 몰입할 수 있는 환경이 필요합니다. 저는 몰입할 수 있는 시간을 벌기 위해 미라클 모닝을 실천했고, 결과적으로 탁월한 선택이었다고 생각합니다.

우리는 살면서 변화는 무서운 것, 두려운 것, 어려운 것이라는 부정 암시를 수도 없이 많이 받고 자랍니다. 무엇이든 될 수 있는 존재로 태어났지만 자라면서 무엇이든 될 수 없는 존재가 되어갑니다. 그 누구도 꿈을 꾸고 도전하는 것을 환영하지 않습니다. 부모님, 선생님, 가족들, 친구들 모두 그저 평범한 것에 만족하며 남들처럼 사는 것이 최고라고 말합니다.

"회사 밖은 전쟁터이자 지옥이다." "가만히 있으면 중간은 간다." "오르지 못할 나무는 쳐다보지 마라." "송충이는 솔잎을 먹어야 한다." "될성부른 나무는 떡잎부터 다르다." 저는 이러한 말이 우리의 용기와 희망을 꺾는, 무의식에 숨어 스스로 한계를 만들게 하는 몹시 나쁜 문장이라고 생각합니다. 정말 회사 밖은 전쟁터일까요? 저는 투자나 사업을 하지 않고 월급만으로 큰 부를 이룬 직장인을 본 적이 없습니다. 또 송충이는 솔잎만 먹는 게 맞지만 인간은 다릅니다. 세상에 존재하는 수많은 기회를 찾고 선택할 수 있습니다. 과거에는 권력을 가진 소수의 사람이 기술과 지식을 독점해 평범한 사람들은 더 나은 삶을 꿈꾸지 못했습니다. 하지만 지금은 다릅니다. 마음만 먹으면 돈 없이도 무엇이든 배우고 익힐 수 있는 세상입니다.

1925년 노벨문학상을 수상하고 95세의 나이로 생을 마감한 영국의 극작가 조지 버나드 쇼의 묘비에는 이렇게 새겨져 있습니다.

'우물쭈물하다 내 이럴 줄 알았지!'

해야 할 일이 있는데 정말로 시간이 없어서 못 한다는 말을 많이 합니다. 아이러니하게도 한가한 사람이 바쁘다는 말을 더 많이 합니다. 특별히 한 것도 없는데 하루가 다 갔다고 푸념합니다. 자신의 게으름을 시간이 부족하다는 핑계로 덮습니다. 시간 말고 다른 게 부족한 것은 아닌지 진심으로 묻고 싶습니다. 시간이 어떻게 흐르는지를 인지하지 않고 사는 사람은 자기가 현재 어디에 서 있는지 알지 못할 가능성이 큽니다. 이건 정말 큰 문제입니다.

저는 흐르는 시간이 아깝지 않고, 딱히 되고 싶은 것이나 하고 싶은 게 없는 사람이 걱정스럽습니다. 그저 먹고 자는 본능에만 충실한 사람이라는 생각이 들어 안타깝습니다. 지금의 생활이 편안하고 만족스럽다면 그동안 노력한 과정에 대한 달콤한 보상일 수 있습니다. 하지만 이 보상이 먼 훗날 미래에도 변함없이 유지될 것이라는 보장은 없으며, 지금 누리는 안락함은 엄밀히 따지면 내 노력보다는 가족의 덕인 경우도 많습니다(이 대표적인 가족이 부모, 배우자입니다).

정말 많은 일을 해내는 바쁜 사람이 오히려 시간을 더 아끼는 역설. 이들은 내면의 두려움을 이겨냅니다. 타인의 시선을 아랑곳하지 않고, 질투를 뛰어넘어 닮고 싶은 동경의 대상이 되기를 선택하고 결국 그 목표를 이뤄냅니다. 목표가 명확한 사람은 해내겠다고 말한 것을 정말로 해내기 위해 없는 시간을 만들어냅니다. 어렵게 만든 시간을 더 알뜰하게 쓰기 위해 공간, 환경, 친구도 바꿔버립니다. 이렇게 시간을 만들어내는 데 공을 들이니 시간이 소중하지 않을 수 없습니다. 귀한 시간을 황금처럼 쓰니 같은 시간을 살아도 남다른 성과를 냅니다. 누구에게나 주어진 공평한 자원을 특별하게 만들어버립니다. 이런 것이 바로 기적 아닐까요?

결국 삶은 어떤 것에 집중할 것인지를 결정하는 여정입니다. 원하는 것에 집중할 것인지, 원치 않는 것에 집중을 빼앗길 것인지를 선택하는 것은 우리 자신입니다. 헤아릴 수도 없이 많은 세상의 잡음들, 나를 가로막는 부정적인 생각들에서 빠져나와야 진짜 나로 살아갈 수 있습니다.

누군가에게는 아침에 일어나는 일이 스트레스겠지만 미라클 모닝을 실천하는 사람들은 다릅니다. 그들은 아침에 행복감을 느끼고, 긍정적인 자세로 활기차게 하루를 시작합니다. 하루의 시작이 남다르니 결과도 남다를 수밖에 없습니다. 여러분도 미라클 모닝을 통해 삶의 새로운 재미를 느끼셨으면 좋겠습니다.

2019년부터 변함없이 미라클 모닝을 함께하고 있는 오픈 채팅방 '아침의 기적' 멤버들, 사랑하는 아들 효준, 엄마바라기 딸 시현, 늘 한결같은 남편에게 고마움을 전합니다. 딸이 하는 일이라면 무조건 믿어주는 부모님, 부모님만큼 저를 아껴주시는 시부모님, 제가 일이 생길 때마다 육아를 도와주는 아이들 고모에게도 감사합니다. 마지막으로 제가 꿈을 이룰 수 있게 도와준 원앤원북스 출판사에 진심으로 감사합니다.

놀라운 기적을 만드는
미라클 모닝의 힘

초판 1쇄 발행 2023년 1월 10일

지은이 김프리
펴낸곳 원앤원북스
펴낸이 오운영
경영총괄 박종명
편집 이광민 최윤정 김형욱 양희준
디자인 윤지예 이영재
마케팅 문준영 이지은 박미애
등록번호 제2018-000146호(2018년 1월 23일)
주소 04091 서울시 마포구 토정로 222 한국출판콘텐츠센터 319호 (신수동)
전화 (02)719-7735 | **팩스** (02)719-7736
이메일 onobooks2018@naver.com | **블로그** blog.naver.com/onobooks2018
값 16,000원
ISBN 979-11-7043-375-0 03190

※ 잘못된 책은 구입하신 곳에서 바꿔 드립니다.
※ 이 책은 저작권법에 따라 보호받는 저작물이므로 무단 전재와 무단 복제를 금지합니다.
※ 원앤원북스는 독자 여러분의 소중한 아이디어와 원고 투고를 기다리고 있습니다.
　 원고가 있으신 분은 onobooks2018@naver.com으로 간단한 기획의도와 개요, 연락처를 보내주세요.